アメリカ・イン・ジャパン

——ハーバード講義録

吉見俊哉
Shunya Yoshimi

岩波新書
2048

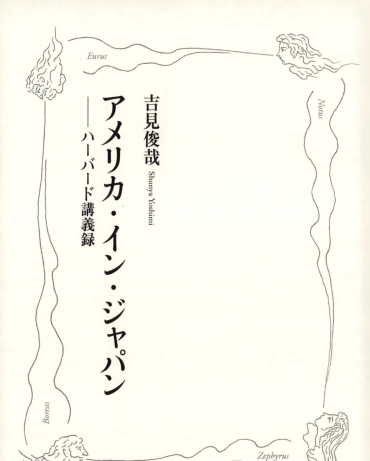

はしがき

本書は、著者がハーバード大学教養学部(Faculty of Arts and Science FAS)の東アジア言語文明学科(Department of East Asian Languages and Civilizations EALC)で二〇一八年春学期に行った講義の記録である。同大学では、このFASが唯一の学部(学士課程)で、一般にハーバード・カレッジと呼ばれている。当然、このカレッジでは文理複眼的な教育が行われているが、各科目は週三回開講され、科目単位数が日本の大学よりも重い。つまり、この科目を選んだ学生は単位を落とせば卒業できなくなるわけで、否が応でも授業に真剣になる。こうした仕組みの違いが、日米の大学の教育力の大きな差となってきたことは、日本に帰国してすぐに書いた滞在記『トランプのアメリカに住む』(岩波新書、二〇一八年)の第3章で詳しく論じた。

このFASで「America in Japan」という授業をしてみてはどうかというのが、私を客員教授として招聘してくれた同大学のアンドルー・ゴードン教授からの提案だった。長い間、社会学者としての私の仕事に触れてきてくださったゴードンさんならではの提案で、これには大賛成だった。私は「戦後日本の中のアメリカ」については、すでに『親米と反米』(岩波新書、二〇〇七年)を書いていたので、そこでの議論を発展させて「America in Japan」という講義を作り上げることは可能だと考えた。何よりも、「日本の中のアメリカ」について自分が考えてきたことを、アメリカ本国の学生たちに対して英語で授業するという状況が、ちょっと演劇的でスリリングに思えた。

本書は、そうして私が二〇一八年のアメリカでした講義に基づいている。しかし、最初に正直に告白しておけば、ハーバードでの実際の講義が、本書ほどの完成度でできたわけではない。毎週、それなりに長い講義をすべて英語でするのは結構高いハードルで、下手な発音は諦めるとしても、少なくとも自分が考えていることの骨格を英語で表現できるようにするのにも、日本語ではなく英語でアクセス可能な文献や資料と講義内容が結びつくようにするのにも事前準備が必要だった。私の時間的な余裕と語学の力量では、毎週、こうした準備をしていくのが精一杯で、個々の議論の粗さは我慢をするしかなかった。他方、学生たちも、この講義が当初に想定していた白人アメリカ人はやや少数派で、多くがアジアや中南米からの留学生だった。

帰国後、アメリカ滞在記はすぐに出版したが、ハーバードでした講義、とりわけこの「America in Japan」は、何らかの仕方で活字化したいとは思いながらも、作業は後回しになった。長引いた理由の一つは、日本人の私がアメリカの大学で、アメリカ人学生を相手に「日本の中のアメリカ」について英語で講義するという状況の演劇性、とりわけそのような役を演じる私のポジショナリティを、どう本に表現していくかが曖昧だった点にある。いろいろ考えていく中で、これはつまり「日本の中のアメリカ」という日本人の経験を、日本側からではなくアメリカ側から、その東部諸州から太平洋へ、そして全世界へと帝国主義的拡張を続けたまなざしの歴史の中で捉え返していけばいいのだということに気づいた。

それは、演劇で言えば劇中劇のような構造である。近代日本人が他者としての「アメリカ」と遭遇していくドラマが、そのドラマの条件となってきた「文明」としてのアメリカが日本を捕捉していくドラマの中で演じられるのだ。ここには明白な非対称性があるが、時折、この非対称性に亀裂が入る瞬間がある。ペリー提督との浦賀での交渉やジョン万次郎や内村鑑三のアメリカ体験、日米戦争と占領期を通じて日本人が経験した悲惨、それに有島武郎の『或る女』や戦後日本の米軍基地周辺での蠢《うごめ》きにその亀裂が顔をのぞかせている。

しかし、全体を通じて言うならば、「日本の中のアメリカ」は、「アメリカの中の日本」に文字通り「抱擁」されてきたことを認めざるを得ない。この「抱擁」は、占領期に始まったというよりも、すでに谷崎潤一郎が『痴人の愛』で描いたスクリーンの中のイメージとしての「ナオミ」のまなざしにくっきり刻印されていた。さらに言えば、その「抱擁」は、黒船の「来航」やプロテスタント宣教師による学院創立の時点から始まっていたと言えなくもない。

今日、私たちが目の当たりにしているのは、そのような劇中劇の支点だったはずの「アメリカ」の内部崩壊がすでに始まっていることだと言えるだろう。私が本書の講義をハーバード大学でしていた二〇一八年は、最初のトランプ政権の二年目だった。ドナルド・トランプは、意図的なのか本能的なのかはわからないが、周期的に事件を起こす。とんでもない差別発言や大統領令、スキャンダル等々、なんでもありだ。特徴的なのはその周期性で、だいたい前の事件から三、四週間が経ち、世の中が少し落ち着いてくると次の事件を起こして再びメディアの関心を自分に集める。そして、そのようなことが繰り返されている間に、アメリカ人の平衡感覚が、少しずつ狂い始める。二一世紀のアメリカは、徐々にこの狂気を受け入れてきた。

だから、二〇二四年一一月の大統領選挙で明らかになったのは、このような平衡感覚の喪失が、トランプ自身によるものという以上に、すでにアメリカ社会の内部崩壊が深く進行していることの現れであり、もはやこの内部崩壊は、長期的に回復不可能であろうと思われることだ。カマラ・ハリス大統領候補は、彼女なりのベストの戦いぶりを見せていたように私には思えた。しかし、より多くのアメリカ国民が、おそらくは自己利益だけのためにトランプ大統領の再選を選んだのだ。

これは間違いなく、アメリカの「自由」のある本質なのである。つまり、アメリカの「自由」の歴史とは一面で、先住民の徹底した排除と殺戮、所有権の絶対化と金銭万能主義、根本的な人種差別主義と暴力主義と市場主義を「明白なる運命」として東部諸州から西部へ、さらには太平洋から全世界へと拡張させてきた歴史である。

先行するヨーロッパの帝国主義を引き継ぎながらも、アメリカはこの拡張を、空軍や海軍によるグローバルな米軍基地のネットワークとプロテスタント宣教師たちによる教育事業、ハリウッド映画からディズニーランドまでの仮想的なエンタテイメント等々によって地球規模で実現してきた。この巨大な「アメリカの世紀」の根底と、トランプが扇動する「メイク・アメリカ・グレート・アゲイン」の旋風は、深いところで連続している。

だから本書が明らかにしているのは、単に「日本の中のアメリカ」に止まらず、「アメリカの中のアメリカ」でもあるのだと、今にしては思っている。本書から読者が汲み取ってほしい一つの警告は、近現代の日本人は、そのようなアメリカに全力で一体化しようとしてきたことである。戦時期の悲惨な経験があるので、アメリカの暴力主義に多くの日本人が一体化するのはすぐではないだろうが、少なくとも金銭万能主義という点では、昨今の日本人はトランプ支持のアメリカ人とほとんど違いがない。また、本書の中で何度か論じていくアジア蔑視の人種主義も、日本人が近代化のプロセスの中で身に着けてきたものだ。これらの歴史の桎梏から私たちは自由ではない。

大学の話に戻すなら、リベラルアーツ、つまり「自由な知」が目指すのは、社会全般に蔓延する自明性からの解放である。そのためには、多くの人が「当たり前」だと思っていることを、異なる歴史的、価値的な視点から眺め返す必要がある。イントロダクションも含めれば、本書は一〇個のトピックスから構成されている。その一つひとつは、読者の方々がすでに部分的には知っている事柄が多いと思う。しかしその全体を貫いて、「日本の中のアメリカ／アメリカの中の日本」を、いわば地政学的な文化史の視座から捉え返してみたとき、おそらく本書を最初に手にしたときとは異なる歴史の風景が浮かび上がってくるはずだ。そのような風景を、一九世紀初頭からの過去二〇〇年に及ぶ日米の歴史を問い返すきっかけにしていただければ嬉しい。日本だろうとアメリカだろうと、「再び偉大にする」必要などないのである。

目次

イントロダクション
アメリカ・イン・ジャパン——非対称的なクラインの壺

アメリカで、「日本の中のアメリカ」を語る

こんにちは。この教室にいる学生のみなさんは、アメリカの大学で「日本」について学ぼうとされている方々です。みなさんの多くはアメリカ人で、自分のいる「アメリカ」のことはもうわかっている。日本から来た教師から聞きたいのは「日本」の話で、「アメリカ」の話ではないと、今、思われていることでしょう。たしかに私はアメリカ人ではありませんから、みなさんがよく知っている「アメリカ」について、みなさんほどにはよく知りません。しかし、ここでまずわかっていただきたいのは、みなさんが毎日を過ごしているここ「アメリカ」と、これから私がお話しする日本の中の「アメリカ」は、必ずしも同じではない、むしろこの両者の関係にこそ、学問的に考えてみるべき重大な問題が潜んでいることです。

私は「日本の中のアメリカ」について考えてきた日本人社会学者であり、その日本人がアメ

リカに来て、アメリカ人の学生を前に英語でその日本の中のアメリカ、つまり「アメリカ・イン・ジャパン」を論じていく。とはいえ、この話がなされる場はアメリカですから、私の「アメリカ・イン・ジャパン」という話は、「イン・アメリカ」という文脈において語られていくことになる。しかし、これを語るのは日本人ですから、「バイ・ジャパニーズ」という語り手の位置がある。そうすると、これからの講義は日本についての講義なのか、アメリカについての講義なのか、二者択一的に言えません。つまり、この「アメリカ」と「日本」の、日米比較論や日米関係論とはまるで違う絡まり合いこそが、この講義のテーマなのです。

そのような絡まり合いの原点を再認識するために、私は次週の授業を、ペリー提督の琉球と日本への遠征の話から始めます。ペリーの「遠征」は、日本から見れば「黒船」の「来航」でした。この見え方の違いは、一九四五年の米軍による「空爆」が、日本人からすれば「空襲」だったのと似た非対称性を帯びますが、私は問題を「黒船来航」ではなくペリー艦隊の「遠征」と見るところから始めるべきだと考えています。一九世紀以降の欧米の帝国主義拡張の中で、日本近海がどのように浮上したかを考えること、つまり「アメリカ・イン・ジャパン」以前に「ジャパン・イン・アメリカ」を考えておくことが必要です。

膨張し続ける自由

アメリカから見て、日本は太平洋の先にある隣国です。そんなことは当たり前だと思われるかもしれませんが、実は最初からそうだったのではありません。一七七六年、アメリカが宗主国イギリスから独立する革命戦争の時代、大陸の東部諸州にいたアメリカ人たちは大西洋のほうしか向いていませんでした。実際、そのときに独立した東部一三州は、ここマサチューセッツなどのニューイングランドの四州、ニューヨークやペンシルヴェニアからサウスカロライナやジョージアまでの九州で、すべて大西洋沿岸に位置しています。この沿岸地帯の西には南北に長くアパラチア山脈があり、さらに西、五大湖を含む中西部から南部までの広大な地域は、一七六三年にフレンチ・インディアン戦争でイギリスが勝利するまでフランス植民地でした。つまり、一八世紀半ばまで、広大な北アメリカ大陸がアメリカ合州国という巨大な一つの国になっていくことは、まったく自明ではなかったのです(図0-1)。

ところがアメリカでは、対仏戦争の勝利でイギリス植民地がアパラチア山脈を越えてミシシッピー川の東岸地域にまで劇的に拡大します。さらに独立革命の結果、遠方の英王室ではなく、ニューイングランドのプロテスタントが国家の主導権を握ることになった頃から、「西漸《せいぜん》運動 westward movement」と呼ばれる西への不可逆的拡張が始まります。アメリカ政府は、一八〇三年に五大湖の西からメキシコ湾までのミシシッピー川西岸に残っていた広大なルイジアナ植民地をフランスから買収し(ナポレオンが戦略的合理性から売却に同意)、一九年にはフロリダをスペインから買収します。さらに四五年にテキサス共和国を、四六年にオレゴンを、四八年にはメキシコとの戦争に勝利し、カリフォルニアやニューメキシコを手に入れるのです。

「西漸運動」は、かつて「西部開拓 western development」と呼ばれていたことと、現象とし

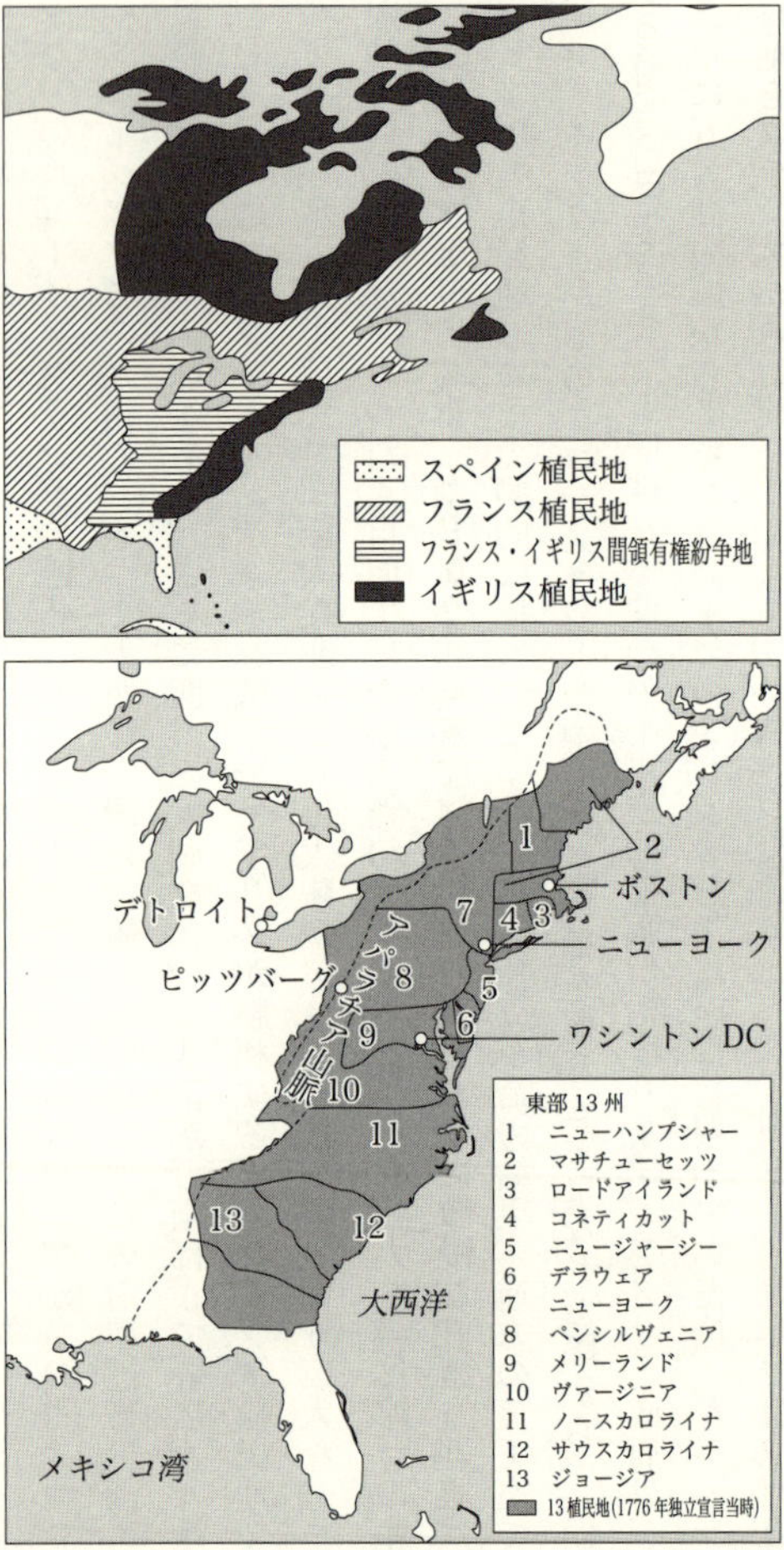

図0-1 1750年代の北米大陸(部分)と1776年に独立した東部13州

ては重なります。英語では「western development」と「westward movement」の差はそれほど目立ちませんが、日本語で「西部開拓」と「西漸運動」は印象が違います。「西部開拓」は、西部劇で幌馬車が西に向かう開拓民のイメージと重なり、彼らが苦労してアメリカを豊かな国にしてきたというプラスのイメージが伴います。「西漸運動」というと耳慣れない抽象的なイメージです。しかし、もしもこの二つに、やはり同じ出来事を指す言葉として「西部侵略 western invasion」という言葉を加えてみると、用語間の布置がはっきりします。

実は、アメリカ人が長く「フロンティア」の「開拓」としてきた過程は、決してそのようなものではなく、ヨーロッパから来た白人たちが先住民から土地を強奪し、彼らを絶滅に追いやる殺戮の過程でした。ですからそれは、間違いなく西部の「開拓」ではなく「侵略」だったのです。しかし、アメリカ人の多くは、今も自分たちの国がそもそも壮大な「侵略」の産物だったことを認めたがりません。それでも「西部開拓」というあまりに傲慢な言い方は避けられるようになり、「西漸運動」という、より中立的な言葉が一般化したのです。

まさにその「運動」では、膨大な数の白人植民者がアメリカ先住民を僻地に追いやりながら占領地を拡大させました。だいたい一八一〇年代には五大湖周辺への大規模な植民が始まり、三〇年代に植民はミシシッピー川を越えます。彼らは先住民を力で追い払いながら砦を築き、町を築き、そこがアメリカ人の「自由の地」であることを宣言していきました。とりわけ一八二九年、西部で先住民の虐殺や掃討を重ねてきたアンドリュー・ジャクソンが大統領に就任し、翌三〇年に先住民を遠隔の保留地に強制移住させる「インディアン移住法」を制定します。ジャクソン大統領のこの強圧的な政策で、先住民たちは先祖伝来の緑豊かな土地から引きはがされ、大陸中央部の痩せた土地に強制移住させられていくのです。

たとえば大陸東部から南東部にかけてのミシシッピー川流域に居住していたチェロキー族は、キリスト教宣教師を早くから受け入れる従順な人々でしたが、「移住法」ではるか西方のオクラホマ州まで約三五四〇キロの道を移動させられ、その途上で約一万五〇〇〇人いたチェロキー族の四〇〇〇－五〇〇〇人が命を落としました(「涙の道」)。さらに一八四八年にゴールド・ラッシュが始まると、一攫千金を狙うヨーロッパからの移民が津波のようにカリフォルニアへと向かい、先住民の土地を奪い続けたのです。

一八四八年は、ヨーロッパでは共産党宣言が発表され、革命の嵐が吹き荒れた年でした。しかしアメリカでは、西漸運動の波がカリフォルニアまで達した年だったのです。この頃から、アメリカは大西洋の国であると同時に太平洋の国でもある二面性を帯び始めます。

しかしこれは、アメリカ人自身にとってはまったく二面性などではありませんでした。彼らは、一八世紀末から一九世紀末までの膨張を通じ、一貫して「マニフェスト・デスティニー(明白なる運命)」を追求し続けたのです。「マニフェスト・デスティニー」とは、西漸運動が、古代地中海世界からイギリスへ、そこからアメリカ東海岸へ、さらに西へと文明の中心が移動していく運命的な過程の一部であり、これは神の定めなのだという、はなはだ手前勝手な西欧中心主義的文明観の表明です。この妄想は一八四五年にジョン・オサリヴァンによって宣伝されることで一世を風靡し、アメリカ先住民の殺戮やテキサスやハワイやフィリピンといった国々の植民地化を正当化する言説として、アメリカ国内で盛んに語られていました。

「無主の大地」を所有する自由

西谷修は、『アメリカ　異形の制度空間』という示唆に富む本で、「アメリカ」とはその本質において、「一七世紀ヨーロッパに創り出された「ヨーロッパ国際法秩序」(国家間秩序)の外部に、その拘束を受けない「無主の地」とみなされた「例外領域」にもたらされた、〈自由〉の制度空間の名前」なのだと論じています(西谷修『アメリカ　異形の制度空間』)。「アメリカ」は、アメリカ合州国が位置する土地がもともと呼ばれていた名ではありません。それは、新大陸発見以降、ヨーロッパ人によって勝手に名づけられました。既得権益でがんじがらめなヨーロッパに対し、「アメリカ」はまったく新しい〈自由〉の地なのだという物語が構築されることで、この名は旧秩序に対する新秩序の代名詞となっていきます。やがてこの制度空間は、約一世紀の歳月をかけて、先住民たちがそれまで何世紀も自然と一体化して暮らしていた大地から彼らを悉《ことごと》く排除し、国土全体を法的な権利に覆われた広大な不動産へと変容させてしまいます。

こうして北米大陸で生じたヨーロッパ人たちの西漸運動と先住民の土地の強奪や伝統の破壊において、決定的な意味を持ったのが両者における大地との関係の違いです。一方で、アメリカ先住民は大地を「所有」するという観念を持っていませんでした。彼らにとって、「大地は人間のみならず、生きとし生けるものの生存を生み出し支える環界であり、人間はその恵みのなかで生き死にする存在」だったのです。ですから彼らからすれば、大地を所有したり、それを分割して売買するなどということは、「思いもよらない不条理」でした(同書)。

ところがヨーロッパ人は、ここに土地所有の観念を持ち込みます。彼らは自分が所有する土地を守るために、柵や壁で囲って他人を締め出します。アメリカでこうした所有観が徹底されていくことができたのは、先住民の権利が完全に抹殺されたからです。先住民たちは、「所有」という新たな大地との関係の埒外《らちがい》に置かれ、原理的に「無権利者」とされたのです。開拓されていない地域は「処女地」と呼ばれ、入植者にすべての権利が譲渡されていきました。

朝鮮戦争研究の泰斗であるブルース・カミングスによれば、一八世紀末から約一世紀の西漸運動の全期間を通じ、「ほとんどのインディアン戦争における原因は、白人が土地を求めたこと」でした。白人たちは「インディアンを追い払う、あるいは西に追いやる条約をつくるのだが、その条約を破ってはさらに領土を拡大し、相手が抵抗すれば殺した」のでした(カミングス

『アメリカ西漸史』)。そうしてアメリカ政府は、先住民が退去した後、入植した開拓民が耕した土地を、彼らの所有地として払い下げていきます。移民たちは、新大陸西部に広がる「フロンティア」を自力で開拓すれば、その土地を自分のものにできたのです。こうして一九世紀を通じ、大量の移民が大西洋を越えて北米大陸になだれ込み、その人口圧力がますます西漸運動を拡大させます。もちろん、この過程は先住民から見れば、先祖伝来の土地の強奪と仲間の虐殺、暴力的な排斥と近代法秩序の押しつけ以外の何ものでもありませんでした。先住民たちは大地と共に生きていたがゆえに、その大地を客体として分割し、所有や投資の対象としていく侵略者たちの思考は、まったく不可解で暴力的なものだったのです。

太平洋の先にある隣国

以上のように、「アメリカ」の概念がそもそも「自由」と「解放」の「聖なるプロジェクト」であったとするならば、その限界はいわゆる国民国家のように国境線で尽きることはありません。「明白なる運命」として遂行されるアメリカの「西漸運動」は、一八四八年に大陸西岸のカリフォルニアまで行き着くと、さらにその西へ、太平洋へと拡張し、わずか数年後の五二年にペリー提督は東インド艦隊を率いてはるか西、広大な太平洋の西端の島々への遠征に出発するのです。そうして彼は、中国の手前に長く連なる、気位ばかりが高くて閉鎖的と思われていた日本の扉をこじ開けます。つまり、この遠征でみなさんにまず認識してほしいのは、それが紛れもなく一八世紀末から続いてきた西漸運動の延長線上に位置していたことです。

カミングスは、アメリカ大陸における西漸運動の延長線上に、アジア太平洋戦争とその後の朝鮮半島やベトナムで起きたことを捉える大著をまとめています。カミングスが明晰に指摘するように、「アメリカ西部の開発、とりわけカリフォルニア州の開発において中央政府がはたした役割」と「朝鮮戦争と冷戦を通じて生じた、群島のように世界に配置された米軍基地とその太平洋での強力な影響力」は連続的でした。この拡張された大陸規模、さらには地球規模のアメリカの影響力は、大西洋を挟んだアメリカとヨーロッパの関係とは質的に異なっていました。やがてこの連続性は、一九四一年一二月に追い詰められた日本がまったく無謀な奇襲攻撃を米軍基地に仕掛け、その「突然」の出来事への米国民の猛烈な反発に支えられた日米戦での日本の無残な敗北で、一挙にアジア全域へと拡大されていきます。

カミングスは、一八四〇年代後半の米墨戦争とその勝利による太平洋岸諸州のメキシコからの割譲からペリー提督の日本遠征への連続性を強調しています。「メキシコへの攻撃によるポーク〔大統領〕の戦い、つまり米墨戦争は、一八四六年に敵の攻撃を利用して開始されたが、これこそは《明白なる運命》とこの一〇年間の技術進歩の最前線にあった。アメリカでは長く「忘れられた戦争」だった「北米の武力干渉」は、後に起こる内戦である南北戦争より、ラテンアメリカ人にとって重要」でした。そしてこの戦争は、後の「アメリカの戦争の多くと同じように、アメリカの相手に選ばれた敵は経済的に脆弱で、軍事的にも劣等だったため、戦況はアメリカ側の人的損失を最小限に留めたままアメリカの勝利の連続となり、またたくまにアメリカはメキシコシティとメキシコの大半を占拠した」のです。この「国民を鼓舞できる事件を待つか、あるいは事件を起こすかして、戦争を開始するやり方」は、「その後も延々と続くアメリカによる開戦方法の最初」の事例でした（同書）。そしてこの戦争の圧倒的な勝利により、一八五〇年代以降、アメリカは強大な太平洋国家となっていくのです。

図 0-2　ジョン・ガスト「アメリカの進歩」

この時期の西漸運動の大陸から太洋への拡張は、同時代の技術的革新にも支えられていました。もちろん、それを代表したのは電信です。西漸運動の象徴的イメージとしてしばしば言及されるのは、画家ジョン・ガストによる「アメリカの進歩」（一八七二年）という作品です（図0-2）。この作品の下部には、西部を目指して馬や幌馬車、鉄道で行く開拓民が描かれていますが、上部ではアメリカを象徴する女神の「コロンビア」が西に向けて空を飛んでいます。その女神の手には電信線が握られ、その電線は鉄道線路沿いの電信柱まで延びています。この時代、大陸横断鉄道と並行して、電信網が北米大陸各地を結びつけ始めていました。移動と通信の技術により、大陸の時空間は急速に圧縮されつつあったわけで、この圧縮はやがて電話から衛星通信、インターネットまでの技術革新により、さらに加速・稠密化していきます。

西漸運動はどこまでも

ですから重要なことは、太平洋をも越えていく西漸運動にとって、日本開国が終わりでは決してなかったことです。リンカーンとアンドリュー・ジョンソンの政権で国務長官を務めたウィリアム・H・スワードは一八五〇年代、ペリーの遠征によって得られた成果を中国大陸へも拡げるべきだと主張していました。「明白なる運命」の信奉者であった彼は、日本の開国で満足するのではなく、船団を倍増して東洋に送り、中央アメリカの地峡を通る運河を開削し、ハワイを併合し、アメリカが清国との貿易を掌握していくべきだと考えていたのです。その後に発生した南北戦争で、彼の膨張主義は頓挫します。しかし、内戦と前後して、アメリカは朝鮮開国も試みています。一八六〇年代から七〇年代にかけて、アメリカ政府はペリーの日本遠征をモデルに朝鮮を脅して開国を迫りますが、この試みはうまくいかなかったようです。

こうして進出した西太平洋での現地人との関係が、それまでの大陸先住民との関係の反復であったことは、フィリピン領有の実態を見れば明らかです。一八九八年、米西戦争に勝利したアメリカは、フィリピンの植民地支配を引き継ぎます。これに対し、自由と独立を求めるフィリピン人の抵抗運動が燃え広がっていくのです。この運動に直面して、アメリカはこれを徹底的に弾圧します。フィリピン人はゲリラ戦で抵抗しますが、米軍は、ゲリラは兵士に値しないとして捕虜とせずに殺し、一〇歳以上の兵士は皆殺しにする命令まで出されたようです。

この「汚れた戦争で、無知は遺憾なく発揮された。男女を問わず、また子供までもが虐殺され、捕えられたゲリラは「水治療」(喉に水を流し込む)などの拷問を強いられ、町に次々と火がつけられ、食料貯蔵庫が攻撃され」、数々の残虐行為の果てでフィリピン人は「保護区域」に移動させられたと、カミングスは書いています(同書)。

しかし、世紀転換期のフィリピンでの米軍によるこの組織的残虐行為の原型は、アメリカ人たちが大陸西部で先住民相手にしてきたことにありました。実際、カミングスがウォルター・L・ウィリアムズの調査に基づいて述べるところでは、「フィリピンの反乱軍と戦った八七%の将官がインディアンとも戦っていた」そうです(同書)。そうした将官のひとりは、「一人のインディアンをつかまえるのに一〇〇人の兵士を要したものだったが、フィリピン人はいっそうたちが悪い」と述べていました(藤永茂『アメリカ・インディアン悲史』)。そうして大陸の先住民との戦いからフィリピン諸島の反乱軍との戦いに移行してきた将兵のトップにいたのが、アーサー・マッカーサー准将、つまり後のダグラス・マッカーサー元帥の父親でした。

彼は若くして南北戦争での活躍で有名になりましたが、戦後は昇進の機会がないまま約二〇年を過ごし、一八八五年に先住民アパッチ族に対する戦争に参加、多くの先住民を殲滅させて中佐に昇進し、さらにフィリピン独立軍との戦争では義勇軍師団長として参戦。現地の先住民族を絶滅させたり、エミリオ・アギナルド初代フィリピン大統領を生け捕りにしたりといった「活躍」で再び名を馳せて、フィリピン駐留米軍の司令官となっていきます。

このように、アメリカ合州国を一つに統合してきたのは、南北戦争後の融和という以上に、西に向けて無限に欲望が広がっていく「西漸」の力学だったのです。カミングスは、「南北戦争の惨劇よりはるか前に、大西洋を太平洋に結びつける国の命運を決める骰子は振られていた」と書きます。その結果、「まるで古めかしい神のご加護――《明白なる運命》――が働いていたかのように、アメリカ大陸がひとつになった」のです(カミングス、前掲書)。

そして、まさにこの西漸運動で、破滅的な規模の犠牲を強いられたのが大陸先住民であったのは疑いようもありません。イギリス人が入植を始めた頃、北米大陸の先住民はコロンブス以前のすでに約七分の一まで減っていましたが、生き残った中でも七〇万人以上が大陸南西部からカリフォルニアにかけての一帯に住んでいました。やがて西漸運動の果てに、それらの地にも白人たちが到達し、先住民の人口は劇的な勢いで減っていきます。一八四八年、まだ約一五万人いたカリフォルニアの先住民は、その後のゴールド・ラッシュの熱狂の中で次々に殺されていき、わずか一〇年後の一八六〇年には約三万人となっていました。

ユーラシア東端からの離脱

ここで、私たちは視点を日本の側に移してみることにします。「日本」が国家としての自意識を持ち始める七世紀から一九世紀半ばまでの約一二〇〇年間、この国の自意識はユーラシア大陸東端の国としてのそれでした。中国大陸があり、朝鮮半島があり、その先に日本列島がある。これが大陸東端の地理であり、たとえば七世紀から一〇世紀までの古代日本の支配層には、大唐帝国の文明に対する距離感が重要でした。やがて数多《あまた》の混乱を経て、唐代は宋代に代わりますが、平清盛にとっても、源頼朝や北条氏にとっても、海の彼方にある宋の高度に発達した文明といかに交易していくかが重要な政治課題でした。そして、彼ら以上に宋との関係が重要だったのは、道元をはじめとする鎌倉時代の知識人でした。古代末期からすでに、日本の知性は独自に発達していたのではなく、大陸の文明との関係で自己を位置づけてきたのです。

もちろん、時としてこの関係は暴力的なものになりました。一三世紀、膨張するモンゴル帝国は日本列島をも支配下に置こうとして遠征軍を差し向け、その遠征軍との戦いを経て、やがて執権政治は崩壊していきます。他方、一六世紀後半は一時的に日本がそれまでのような中国を中心とする東アジアの地政学から離脱しようとした時代ですが、このパラダイム転換を最も暴力的に追求したのは豊臣秀吉の朝鮮出兵でした。明帝国の衰亡を読み取った秀吉は、大陸との関係を逆転させ、辺境の武士政権が中国をも屈服させることができるのではないかという野望を抱いたのです。一三世紀の元寇、一六世紀の朝鮮出兵、一九世紀のペリー来航のすべてで、海外の帝国的勢力との接触の後、時々の政権が崩壊しているのは興味深いことです。

織豊政権は長きにわたる東アジアの中での日本をめぐる地政学からの一時的な逸脱でしたが、徳川政権は伝統に回帰し、一九世紀までこの布置は変わりません。つまり、東西文明の中間に位置したドニエプル川沿いのゴート族やキーウ公国、そしてウクライナが二〇〇〇年近い長きにわたり東から攻めてくるフン族やモンゴルの騎馬民族、そしてソ連やロシアの全体主義政権に苦しめられてきたように、あるいは東地中海からペルシャ湾までの一帯がヘレニズム時代からオスマン帝国の時代まで諸文明の臍の位置にあり続けたように、ユーラシア大陸という巨大な大陸の地理的構造は、そこを舞台とする文明の興亡をある程度まで条件づけてきました。その前提の中では、日本列島はあくまで諸文明世界の東端の辺境にあったのです。

ところがこの構造が、一九世紀半ばに一八〇度転換します。「地球は丸かった」ことによる世界秩序の転換は、もちろんすでに一六世紀に始まっていたのですが、その結果生じた諸々の構造的な変化、つまり近代世界システムの本格的な作用がついに日本にまで決定的に及ぶのは、やはりアメリカの西漸運動が太平洋岸にまで達し、ペリー提督の遠征が「黒船来航」として徳川の世を生きていた人々に強烈なショックを与えたときのことです。つまりそのとき、多くの日本人が列島の西、ユーラシア大陸の側ではなく、太平洋のはるか東に「アメリカ」というもう一つの大文明が存在することを知ったのです。やがて日本人は、この巨大な隣国に一体化することでユーラシア大陸の地政学から抜け出していきます。ユーラシア東端＝太平洋西端の位置にいる日本にとって、近代は「脱亜入欧」という以上に「脱亜入米」でした。

そして、やがて東アジアの植民地帝国にのし上がったこの国の人々は、中国を見下す心性を身に着けながら、アメリカをも敵に回すほどに自己意識を増長させます。とはいえ、全体として見るなら、一九世紀半ばから今日に至るまで、日本人は一貫して「アメリカ」に準拠することで「脱亜」に傾き続けてきたのです。つまり、日本は幕末に太平洋の彼方から到来した「黒船」と遭遇し、ユーラシア「東端」の国から太平洋「西端」の国へと自己意識を旋回させます。その際、少なからぬ人々は、必要なのは一八〇度の転換ではなく、むしろユーラシア大陸と太平洋の中間に自らの位置を再定位することだと理解していましたが、この国でその再定位についての社会的な合意が得られることはついぞありませんでした。

一九三〇年代から四〇年代にかけてのこの国の破滅への道は、日本人が自分たちの中の「アメリカ」にも「アジア」にも向き合うことができなかった証左です。そして戦後、日本人はより徹底して「アメリカ」を内面化し続けるのですが、再定位がまるでできていないという点では、破滅に向かった戦中期までの思考の地平を本当に克服できたわけではありません。

ですから、これからの講義のイントロダクションとしてまず重要なのは、一九世紀半ばの日本で起きたこの「世界の見え方」の一八〇度の転換を、同時代のアメリカで展開してきた西へのまなざし、すでに述べた大陸での西漸運動の延長としての太平洋への「西漸」過程の中に位置づけ直してみることです。太平洋の彼方の「アメリカ」が「日本」の隣国となっていったプロセスは、同じく太平洋の彼方の「日本」が「アメリカ」の隣国となっていったプロセスでもあったわけです。しかし、今、まさに述べた二つの「日本」と「アメリカ」は、果たして対称的な存在なのでしょうか。一方で、「アメリカ」からすれば、「西部」があり、カリフォルニアがあり、太平洋の島々があり、そして大中国の手前に「日本」がありました。そしてこの一連のまなざしにおいて、アメリカ大陸の先住民や太平洋の島々の現地人は、徹頭徹尾その存在を否認されてきました。そうした文脈で、「日本」はどのように「発見」されたのか。

他方、幕末維新期の日本は、「来航」したアメリカを未来の「文明」として受けとめます。そして徳川日本、それを引き継いだ明治日本は、李氏朝鮮や清国よりもはるかに容易に東方の「文明」に適応し、近代化への道を突き進みます。やがて日本は、隣国アメリカがその内部の他者たちを抹殺してきたのと同様、それどころか、ときにはもっと残虐な方法でアジアへの侵略に乗り出していくのですが、それはいったいどのような内面化のプロセスが作動した結果だったのでしょうか。

つまり、この私の講義では、近代世界の中で「日本」と「アメリカ」が、それぞれ独立の国家としてまずあり、その間に日米関係が営まれていったという仕方で問題を捉えてはいきません。むしろ、一八五〇年代にペリー提督の「遠征」＝「黒船来航」という形で始まった「アメリカ・イン・ジャパン」は、一方では一八世紀末からすでに北米大陸で始まっていた西漸運動の帰結であり、他方では、長い間、中華文明との微妙な関係を保ち続けてきたユーラシア大陸東端の国が、東方から到来したグローバルな運動を「過去」から脱出する好機とした結果でもあるという両面を含みます。それはいわば、非対称的なクラインの壺のようなもので、裏返る孔のなかで「アメリカ」も「日本」も、どの位置から見るかによって見え方が違ってきます。

ですから、日米のこの表裏の関係、「アメリカの中の日本」と「日本の中のアメリカ」の相互関係が一九世紀から二〇世紀にかけての地政学的布置の中で変容していくプロセスが、この講義の焦点です。講義の序盤では、「アメリカの中の日本」について論じるところから話が始まりますが、だんだん話の力点は「日本の中のアメリカ」に向かっていくでしょう。

まず、第1講から第3講までは、一九世紀半ば以降の日米の出会いの考察です。第1講では、ペリー遠征と「黒船」来航との関係を論じ、第2講では同時代、西太平洋で展開されたアメリカ捕鯨と日本人漂流民の関係を考えます。第3講では、アメリカ東部のプロテスタントたちによる宣教が、どれほど深く近代日本の高等教育の基盤を形作ったかを論じます。

続く第4講から第6講までは、二〇世紀前半の「日本の中のアメリカ」に焦点を当てます。第4講で論じるのは、戦前期日本における消費的なアメリカの受容です。「モダンガール」がその焦点ですが、そこに内在した複雑さを考えたいと思います。続いて第5講では、戦時期に日本人を大量殺戮していったアメリカの暴力的なまなざしと、そのアメリカに向けられていた日本側のまなざしの非対称性を論じます。そして第6講では、占領期、マッカーサーと昭和天皇の間にどのような相補的な関係が結ばれていたのかを検証します。

第7講から第9講までは、二〇世紀後半における「日本の中のアメリカ」を考えます。第7講では、一九五〇年代、日本がアイゼンハワー政権の「アトムズ・フォー・ピース」戦略を積極的に受け入れ、原子力開発への道を歩む過程を示します。第8講では、米軍基地がアメリカン・カルチャーを若者文化の中に浸透させていく主要な発信源だったことを論じます。最後に第9講で、現代日本人の日常がどれほど深く「アメリカ」に包まれているかを、この国における「自由の女神」や「ディズニーランド」の受容を通じて示していきたいと思います。

第1講

ペリーの「遠征」と黒船の「来航」

――転位する日本列島

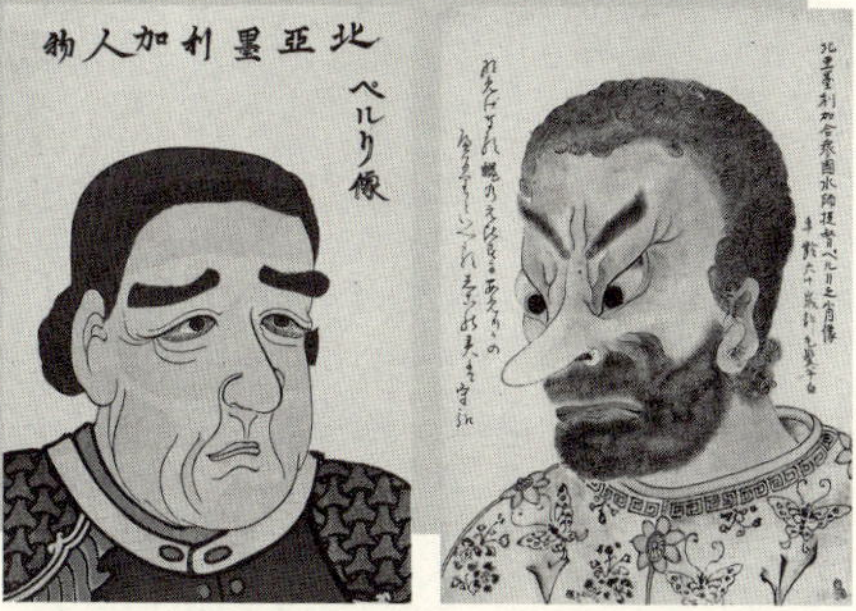

まったく異なる仕方で描かれたペリーの顔．神奈川県立歴史博物館編『ペリーの顔・貌・カオ』より

老提督の出航――ノーフォークの港から

みなさんよくご存じでしょうが、ヴァージニア州は、ジェームズタウンやウィリアムズバーグといった町に象徴されるように、アメリカ東海岸へのピューリタン植民で最も古い土地です。一七三二年にはここにジョージ・ワシントンが生まれ、やがて独立革命から合州国憲法起草への流れを主導する独立州となります。南北戦争では南軍に加わりますが(南軍司令官のリー将軍もヴァージニア州出身)、最近の大統領選挙では、民主・共和両党の激戦州です。

同時に、ヴァージニアは全世界に展開する米軍の心臓部です。9・11のテロでニューヨークの世界貿易センタービルと共に標的となったペンタゴン(米国防総省)も、米海軍の本拠となってきたノーフォーク海軍基地もヴァージニアにあります(図1-1)。後者は、首都ワシントンDCまで北に切れ込むチェサピーク湾入口にある世界最大の海軍基地で、アメリカ艦隊総軍、アメリカ海兵隊総軍、北大西洋条約機構(NATO)の中心的組織の司令部が置かれています。基地には一三の桟橋と一一の格納庫があり、六隻の巨大空母、六隻のミサイル巡洋艦、約二〇隻のミサイル駆逐艦、六隻の原子力潜水艦等々が母港としています。

まさにこのノーフォークの港から、一八五二年一一月、ミラード・フィルモア大統領の親書を携えて四隻の軍艦が出航しました。艦隊を率いていたのは、アメリカ東インド艦隊司令官に着任したマシュー・カルブレイス・ペリーです。もちろん、ノーフォークはまだこの時点では、米海軍最大の軍港にはなっていません。しかし、ここはすでに一八世紀末からイギリスとの交易で栄える港でしたし、首都ワシントンに通じる湾の入口に位置し、発展はすでに約束されていました。他方、ペリーが出港して数年後、ノーフォークを黄熱病が襲っていますし、南北戦争でも激しい戦闘が繰り広げられますから苦難はしばらく続きます。ペリーはそのようなやがて米海軍の拠点となる港から日本に向けて長い旅に出発したのです。

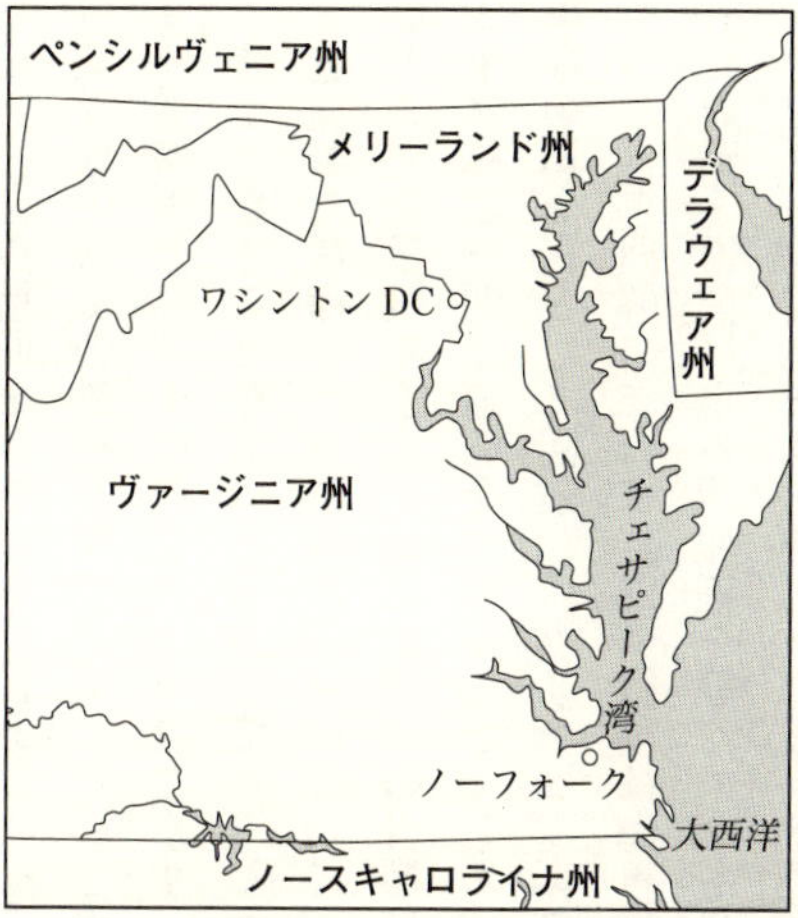

図1-1　ヴァージニア州地図

　ペリー提督の遠征で、まず注目すべきは彼の年齢です。一七九四年生まれのペリーは、当時すでに五八歳でした。一九世紀半ばのアメリカ人の平均寿命は四〇代半ばですから、大航海に出る時点で、この司令官は当時の平均寿命を大きく超えていたのです。そもそも彼は、この遠征計画の立案には関与していましたが、自ら指揮を執るつもりはありませんでした。高齢ですから、キャリアの最後はもっと気楽な地中海での勤務を経て引退したいと思っていたのです。ところがそうした思惑とは異なり、米海軍はペリーに白羽の矢を立てます。そしてペリーは、この日本への遠征が人生最後の大仕事となることを明白に意識していました。

老提督の任命は、当時の米海軍にとって、日本遠征が戦略的にきわめて重要な意味を持っていたことを示唆します。遠征の最大の目標は、日本を開国させ、アメリカ西海岸を起点とする太平洋航路を開く道筋をつけることでした。ペリーは、数年前の米墨戦争でメキシコ湾で戦う艦隊の司令官として活躍し、カリフォルニアがアメリカの太平洋戦略にとって決定的な意味を持つことを理解していました。戦後は海軍省郵船長官として、米軍が全世界に蒸気船に支えられた航路と電信による情報網を築く未来も見据えていたはずです。

ペリー一家でもともと軍人として有名だったのは、彼の兄オリバー・ハザード・ペリーです。このもう一人のペリーは、米英戦争のクライマックスだった一八一三年のエリー湖の戦いで米海軍に大勝利をもたらした英雄でした。父の代から海軍軍人の一家で、若くして英雄となった兄を持つ弟のマシューは、長い間、自分も海軍で兄に匹敵する功績を残す機会を狙っていたかもしれません。マシューは一八三三年にブルックリン海軍工廠所長となり、三七年に米海軍で二隻目の蒸気フリゲート艦を建造、四〇年には海軍工廠の総監となっています。つまりペリーは、戦場の指揮官という以上に、海軍技術者を束ねる地位にあった軍人で、蒸気船の重要性を熟知していました。彼は、これからの海は蒸気船中心の時代だと確信しており、そうした世界での海上覇権について考えていたのです。

そしてこのペリーの確信は、同時代の実業家や政治家の確信でもありました。当時のニューヨークの実業界の中心にいたトーマス・B・キングは、米議会海軍委員会の委員長として、カリフォルニアと上海を結ぶ太平洋横断航路開設を提唱していました。この提案は、「ニューヨーク有数の商会で南米や中国との貿易で重きをなし、太平洋蒸気郵船の主たる出資者であったハウランド・アスピンウォール商会などから大いに歓迎された」そうです(三谷博『ペリー来航』)。その際、有力な航路案だったのが、サンフランシスコから太平洋を北上してアリューシャン列島から千島列島に渡り、日本列島沖を南下し、琉球諸島を経て上海に達するルートです。地球儀で見ればこれは遠回りではないことがわかります。この航路は、日本列島の東方を縦走していくわけで、日本の開国は、航路安定のために必須でした。

テクノロジーを見せつける外交

ペリーが日本遠征で率いた艦隊の最大の特徴は、メキシコとの戦争の頃から旗艦としていた一六九二トンの蒸気艦ミシシッピー号に加え、さらに大型の二四五〇トンのサスケハナ号、二四一五トンのポーハタン号の三隻の蒸気船が含まれていたことでした。もともとの計画では、これらに蒸気艦プリンストン号、アレガニー号、ヴァーモント七四号、スループ型砲艦ヴァンダリア号、マセドニアン号、サラトガ号なども加わり、一二隻の大艦隊が編成されるはずでした。この計画は実現せず、一八五三年七月、最初に日本に来航したのは、ミシシッピー号とサスケハナ号にサラトガ号とプリマス号を加えた四隻でした。「あれほど繰り返し約束されていた一二隻から編成される堂々とした艦隊に比べ、これはあまり見栄えのしない船団だった」と、ペリーは『ペリー艦隊日本遠征記』(以下『遠征記』と略)で不満たっぷりの様子です。しかし、その「見栄えのしない船団」でもあれだけ大きな衝撃を日本人に与えたのですから、約束通りの大艦隊になっていたら、日本人の衝撃はいかほどだったでしょうか。

一年近く前、ペリーは海軍長官に宛てた上申書で、日本を開国させる方法として、「人は実際に見たものに強く影響を受ける」から、開国計画を「成功に導くには、三隻の一級汽走(蒸気)軍艦と一隻のスループ型軍艦、すなわち四隻の軍艦が必要」であると述べていました(同書「日本語版によせて」)。ペリーは意図的に、巨大蒸気船を日本人に見せることの効果を狙っており、そうした「文明」のパフォーマンスへのこだわりが、過去に幕府に開国を迫った先行者たちとは大きく異なっていたのです。

ペリーがこだわっていた最新技術の誇示への思い入れは、一八五四年、彼が上陸した横浜村での日米和親条約調印の場で、その効果を如何なく発揮します。このときアメリカ側が日本側への「贈り物」として持ち込んだ二つの技術の衝撃は、その後の日本で語り草となっていきます。その二つとは、電信装置と小型蒸気機関車（四分の一模型）でした。横浜の浜辺に置かれたこれらが作動し始めると、「日本人は強烈な好奇心をもって操作法に注目」し、電信線で遠く離れていても「一瞬のうちに伝言が英語、オランダ語、日本語で建物から建物へと伝わるのを見て、びっくり仰天した。毎日毎日、役人や大勢の人々が集まってきて、技手に電信機を動かしてくれるよう熱心に頼み、伝言の発信と受信を飽くことなく注視」し続けたのです（同書）。

図 1-2 小型蒸気機関車にまたがる日本の侍. https://library.brown.edu/cds/perry/scroll7_Forkin.html

さらに小型蒸気機関車は「六歳の子供を乗せるのがやっと」の大きさでしたが、「日本人は、なんとしても乗ってみなければ気がすまず、客車の容量まで身を縮めるのは無理なので、屋根の上にまたがった」（図1-2）。そうして「屋根の縁をしっかりつかんで必死にしがみつき、あまりのおもしろさに歯をむき出しにして笑ったり、かがめた身体をひきつるように震わせて、臆病笑いを浮かべたりしている役人を乗せて、汽車が円周軌道を突進」する様子は、アメリカ人には滑稽、日本人には驚異そのものでした（同書）。

こうしてペリー一行が持ち込んだ「文明」は、幕末の日本で彼らが期待していた以上の強烈な効果を発揮したわけですが、このように「進んだ」西洋の帝国が「遅れた」地域の人々に最新技術を見せつけることで優劣の感覚を受容させる戦略は、一九世紀を通じて世界各地で上演されていたものでした。一九世紀を通じて欧米諸国が世界各地に進出していく際、西洋の「技術」は、相手側の「無知」と対照され、前者の後者に対する圧倒的な優越が確認されていったのです。ペリーが横浜村に持ち込んだ蒸気機関車と電信機は、そうした狡猾な戦略の一事例であったと言うべきでしょう。ペリーは巨大な蒸気艦を見せつけることで日本人を威嚇し、同時に電信機や蒸気機関車で日本人を誘惑もしていたのです。

蒸気船航路――東に向かって西の果てへ

ペリーが正しく認識していたように、一九世紀半ばには世界の海で帆船から蒸気船への交通革命が始まっていました。もともとこの革命に先鞭をつけたのも、実はアメリカです。ロバート・フルトンが、外輪蒸気船をハドソン川に就航させたのは一八〇七年のことでした。フルトンはそれ以前、セーヌ川で蒸気船の実験をしており、フランス政府にこの技術を売り込もうとしたのですがうまくいかず、故国アメリカに戻って実用化に挑戦したのです。「アメリカ人はこの新発明に直ちに熱狂的に飛びついた」とD・R・ヘッドリクは書きます。アメリカの国土は広大で、道路がなく、周りに蒸汽船の燃料にできる林が広がる河川が縦横に流れていたからです。あっという間に、ハドソン、デラウェア、ポトマック、ミシシッピーなどの諸河川とその支流では、定期汽船の運航が始まりました(D・R・ヘッドリク『帝国の手先』)。

実際、たとえば一八三〇年代初頭にアメリカを訪れたアレクシ・ド・トクヴィルは、友人のボモンと共にオハイオ川やミシシッピー川を航行する蒸気船を使って西部や南部の奥地に分け入っています。その成果が名著『アメリカのデモクラシー』ですが、「トクヴィルの時代、陸路でたどり着くのが不可能に等しい辺鄙な地域に商行為をもたらしていたのは、航行可能な河川からなる交通網だった」と『トクヴィルが見たアメリカ』の著者は書いています(ダムロッシュ『トクヴィルが見たアメリカ』)。蒸気船は、ヨーロッパのように国内道路網が発達していた地域ではなく、アメリカのように未開発の地が多く残る大陸の河川交通に適していたのです。

逆に言えば、一九世紀前半の世界では、蒸気船が活躍するのは外洋ではなく、大陸内部の河川と考えられていました。たしかに一八三八年には、シリウス号とグレート・ウェスタン号という二隻の蒸気船が蒸気力だけで大西洋横断に成功し、二年後には大西洋横断の定期船も就航を始めています。ですから、いずれ大洋を蒸気船が行き来する時代が来ることは予見できましたが、それまでに鉄製の船体の一般化、スクリューや高圧エンジンの開発といった技術革新が必要でした。それらの条件が整うのが、一八三〇年代から五〇年代にかけてです。ですからヘッドリクは、「一八三〇年代になって初めて、蒸気力による大洋横断が技術的に可能であることが証明されたが、そのような冒険が財政的にも妥当であることが明らかになったのは、一八五〇年代になってから」だったと述べます（ヘッドリク、前掲書）。ペリーが三隻の蒸気船を引き連れて日本への航海に出たのは、まさにそうした技術革新が進行中の時代だったのです。

実は、蒸気船が世界の大洋をつないでいくには、さらに解決すべき課題もありました。それが、燃料の石炭の確保です。当時の蒸気機関の効率からすると、たとえ太平洋航路が開かれても、各地で燃料を補給する必要がありました。小風秀雅は、「汽船は一八四〇年に大西洋横断定期航路が開設されて以降、外洋での運航を本格化していったが、この段階における汽船は、燃料効率の悪さによる航行能力の低さ、航路上に点在する貯炭所の不備による船内貯炭にともなう貨物積載力の減殺、石炭補給の不安定性から来る東洋での石炭価格の高騰などのため運航コストが高かった」としています（小風秀雅「十九世紀における交通革命と日本の開国・開港」）。

そうした中で、日本列島には有力な石炭資源があるらしいことがわかっており、これは蒸気船による太平洋横断航路には魅力でした。実際、その後、「東アジアの海運市場は七〇年代に急速に活性化し、燃料用石炭に対する需要も急拡大したが、これを支えたのが日本炭であった。日本炭の輸出港は長崎が圧倒的でその大半が上海向けであった。七〇年に日本炭はイギリス炭を凌駕し、七三年にはオーストラリア炭を抑えて四割を占め、翌七四年には五割を超えた」そうです(同論文)。こうしてやがて、九州の高島炭鉱や三池炭鉱から産出される石炭が、アジア太平洋を航行する蒸気船をエネルギー面から支えていくことになるのです。

こうして蒸気船が、より速く、より定常的に大陸間をつないでいく世界では、その「世界」の地政学的な成り立ちが大きく位相転換していきます。日本の場合、これはユーラシア大陸東端の列島から太平洋西端の列島への位相転換です。つまり、蒸気船時代のアメリカにとって、東北アジアは大西洋を越え、アフリカ大陸西岸を南下して喜望峰を廻り、インド洋を横切って東南アジアに達した先にある「極東」の地域のままであってはならない。そうではなく、太平洋を西に向かえばその先にある「西隣」の地域となるべきでした。そのような航路が開かれるなら、イギリス帝国の先回りをして対中貿易から莫大な富を北米商人が手にできるでしょうし、この新しい航路は世界の交通秩序を根底から変えてしまうかもしれません。

その際、日本は、中国のさらに先にある国ではなく、アメリカから見て中国の手前にある国となります。この意味で、アメリカが幕末日本に開国を迫ることの意味は、ロシアやイギリスの場合と異なっていました。アメリカにとって日本開国は、領土的な覇権の拡張という以上に、

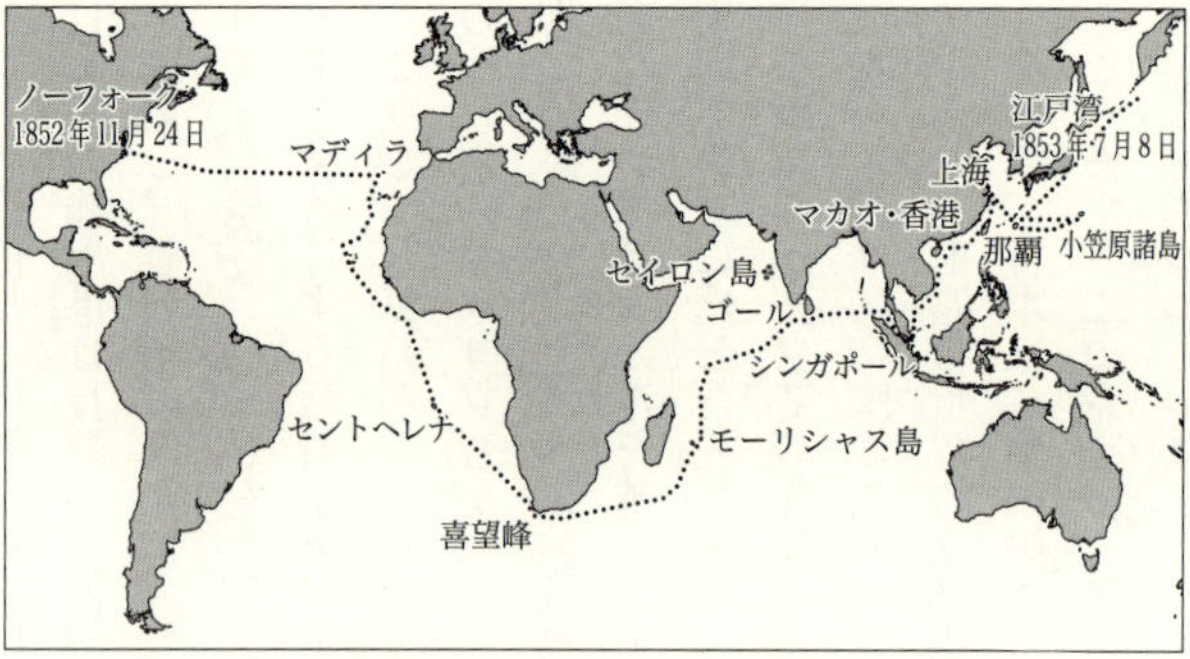

図1-3　ペリーの長い旅路

グローバルな交通ネットワークへの覇権拡張の第一歩だったのです。

事実、このようなアメリカの太平洋戦略は、ペリーが日本の「皇帝」(将軍のこと)に渡した大統領親書に明確に書き込まれていました。そこではっきりと、「アメリカ合衆国は大洋から大洋にまたがり、また、わが国のオレゴン州とカリフォルニア州は陛下の国土とまさに向かい合って横たわっている。わが国の蒸気船はカリフォルニアから日本まで一八日間で行くことができる」と強調されていたのです(前掲『遠征記』)。

このヴィジョンはしかし、ペリーの遠征の時点ではまだ実現していません。実を言えば、ペリー艦隊は太平洋を横断して日本に来たのではありません。長い旅路は承知の上で、大西洋を横断してアフリカ大陸西岸に達し、そこを南下して喜望峰を廻り、インド洋から香港へと北上したのです(図1-3)。ノーフォークを出港したのが一八五二年一一月二四日、香港に到着したのが翌五三年四月七日ですから、四か月以上を要しています。アメリカからすれば、まだ日本は、中国よりも遠いはるか彼方にある国だったのです。しかも少し前まで、日本は異国船打払令に従って岸壁に近づいてくる船を容赦なく砲撃していましたから、世界航路の前に立ちはだかる「危険な」壁と思われていました。

それだけではありません。燃料となる石炭の補給基地が確保できないこと、西太平洋の海がよく荒れて危険に満ちていることなど、太平洋横断には様々な困難が山積しており、大西洋のそれのようには安全が確保されていないと思われていたのです。

ただし、ペリーは二度目の日本訪問で日米和親条約に調印すると、調印文書を一刻も早く大統領に届けるため、帆船のサラトガ号をハワイ経由の太平洋航路で帰らせています。つまり、帆船が太平洋を航行するのは、すでにあまり危険ではないと考えられていたようです。ところが遠征では、ペリーは蒸気艦をより多く引き連れていくことにこだわっていましたから、この技術的に発展途上の船の場合、時間はかかっても、航路がすでに確立し、石炭の安定補給も目途が立つ喜望峰―インド洋ルートを選択せざるを得なかったのです。

他方、ペリーは理念としては、数世紀前のコロンブスを継承し、大海原を西へとひたすら進んで日本に達したのだと示したがっていました。彼は『日本遠征記』で、彼の航海がコロンブスの航海の延長線上にあることを誇らしげに語っています。すなわち、コロンブスが大西洋のはるか西、中国大陸の東方沖に浮かぶ大きな島があるはずだと確信していたのは、さらに二世紀ほど前にマルコ・ポーロが語った『東方見聞録』を読んでおり、そのなかの「ジパング」、つまり想像上の「日本」に惹かれていたからだと述べます。

コロンブスは、彼が到達した大陸がアジアの東端だと思い込んでいたわけですが、ペリーはそのときに「発見」された新大陸に「神の摂理のもと、ひとつの国が生まれ、そしてその国が彼〔コロンブス〕のめざしていた役割の一端を担い、彼を西方へと駆り立てた夢の、少なくとも一部分を実現させた」のは不思議なめぐりあわせだと言うのです。ペリーの主張では、アメリカは日本を開国させたことで、「一度はコロンブスの手の中でちぎれ、アメリカの海岸に落ちていた運命の糸を拾い上げた」のです(同書)。

日本人を観察し、日本海域を調査する

ペリーは日本遠征を前に、戦国時代のポルトガル人宣教師の記録から、江戸時代のオランダ人による著作まで、日本について書かれてきた多くの書物を読んでいます。彼は、日本遠征を指揮することが決まると、収集可能なあらゆる日本関連の知識や情報を集め、相手についての認識を得ながら交渉を準備したと思われます。実際、二度にわたる日本訪問を通じ、ペリーは日本人の態度や日本社会の特徴について実に要領を得た認識を導き出しています。

たとえば、ペリーが日本人について下した重要な結論は、この国ではそれぞれの組織が相互監視を徹底させて失敗を許さない仕組みを発達させており、内部からの変化はきわめて起こりにくいという理解でした。日本では「自分自身が法を犯した場合、あるいは、部下が法を犯すのを未然に防ぐことができなかった場合」、当人は責任を取るために「切腹」することが奨励されていました。この責任者の自殺は、何よりも彼の妻子が「財産を没収されないためにも、また家族を道連れにしないためにも」必要と考えられていたのです(同書)。

そして、そのような責任の取りかたは、日本社会ではきわめて一般的だとペリーは考えていました。この社会の特徴はあらゆるレベルで発達した相互監視で、「いかに賢明な、また必要な案であっても、改革を提案するには、それが是認されなかった場合の厳しい報いを覚悟しなければならないために、誰もがしり込みをする」のです。幕府なり藩なりで、未来への危機感をもった家臣が「なんらかの法案を提出しても、それが最終的に否決された場合は、その委員〔家臣〕は一命をもって償わねばならない」。日本では、「なんらかの改革を試みた者は、たとえそれがどれほど有益なことであっても、同僚や秘書官に混じっているスパイに告発され、帝国の確たる慣習を乱す者として死を宣告されかねない」。そうした監視システムは、一般庶民の間にも日常的に浸透しており、その結果、日本では「誰ひとりとして決められた枠からはみ出そうとはしない」。このような社会では、「万事において、この数百年間の慣行がそっくりそのまま踏襲されるだけで、進歩は不可とされて」いきます(同書)。

ですからペリーは、日本は西洋の事情に無知だから鎖国を守っているのだとは考えていませ
ん。彼は、同時代の日本国内で「もはや鎖国制度は不要であるとして、この制度の廃止あるいは改革を望んでいる有識者が多くいること」を知っていました。それにもかかわらず、この国では徹底した相互監視と責任の取り方についての独特の慣習のために、転換が必要なのはわかっていても、「あえてそれを口にする者は誰もいない」のです。

つまり、日本では明白な上からの禁止以前に、社会の全レベルで自分の意見を表明しにくい空気が醸成されているのです。日本人は、「元来率直で、一般的な話題のときはうちとけてよく語り、立派な道義心を持っている」のですが、社会秩序を維持させる方向に働き続ける相互監視のため、「率直に、また開放的にふるまうことができなくなっている」のです(同書)。

この社会の仕組みは、今日風に言うならば、「忖度《そんたく》」と「自粛」の文化です。そのため、「政府の役人たちにしても、上役からの咎めを受けないよう、虚偽の申し立てをし、策を弄している。つまり、それが彼らの仕事なのである。公務を離れれば、彼らは率直で正直で、親切である」。それにもかかわらず、彼らは外国人との交渉の場では、「臆面もなく嘘をついたり、表裏のある態度をとったり」することがある。アメリカ人から見れば、そうした嘘は悪質ですが、日本人はそれを悪意からというよりも、上役に咎められたり、誰かに害が及んだりすることの

ないようにとの配慮からしていることが多いのです。この観察は、まったく二一世紀現在の日本にも通用する気がしますが、ペリーがこう語ったのは今から一六〇年以上前です。

ペリーはまた、日本人の技術的なものに対する強い関心、技巧的な才能についても詳しく触れています。彼は、「日本人はきわめて勤勉かつ器用な民族であり、製造業の中には、他国の追随を許さないほど優れたものもある」と述べていました。しかも、「日本人は外国から持ち込まれた目新しいものを素早く調べて、その製造技術をすぐに自分のものにし、非常に巧みに、また精緻に同じものを作り出す」才能を有しています（同書）。ペリーはこの日本人の傾向性を、たとえば木工製品や陶磁器、製紙技術のレベルの高さといった例に見ていますが、言うまでもなくこうした日本人評は、一九六〇年代から七〇年代にかけての戦後日本の高度成長期に盛んに語られたものです。その頃は、日本製のトランジスターや家電、自動車についてそうしたことが語られました。ところがペリーは、それよりも一世紀以上前、一九世紀半ばに、わずか二回の日本訪問の観察を通じて同じことを言い当てていたのです。

ペリーはさらに、二回の日本訪問を通じ、訪れた地域を徹底的に調査しています。たとえば彼は、最初の訪問で浦賀に停泊中、周辺海域の測量を行い、幕府の役人たちに見咎められて調査を中止するようにと強く促されます。しかしペリーは、「アメリカの法律がこの調査を命じているのであり、〔日本の〕奉行が日本の法律に従っているように、こちらもアメリカの法律を守る義務がある」と一顧だにしませんでした(同書)。そして、その後も江戸湾近海の測量は続けられ、いざとなれば暴力に訴えることを辞さない構えの艦隊に対し、幕府の役人たちは成り行きを心配し、早々の退去を促しながらも、結局は何もできなかったのです。ペリー側はと言えば、同様の測量や調査を彼らが滞在した横浜沖でも、下田でも、函館でも繰り返します。そのようにして積み上げられるデータの集積が、次世代の対外作戦の基礎になるという考えが、ペリーのみならず米軍内部に広く共有されていたのだと思います。

米日交渉というパフォーマンス

このように、ペリーの日本遠征は、日本や日本人についての観察や調査と一体でした。そうした調査を進めながら、ペリー艦隊は、浦賀沖に現れて以降、横浜村での条約調印までかなり慎重な動きをしています。ここにペリー以前に日本開国を迫ったロシアやイギリスの使節団との違いがあるのですが、彼らは単に慎重だったのではありません。圧倒的な「文明」の力を見せつけつつ、「アメリカ」を幕府の役人たちを前に演じてもいたのです。そして実は、そのような演技を前にした幕府の役人たちも、別の仕方で彼らなりの俄芝居を演じていました。幕末の浦賀と横浜の浜辺を舞台に展開したのは、武力衝突の危機を孕みつつも、それぞれの当事者が自分の仮面を取り繕いながら演じるスリリングな政治劇だったと言えるでしょう。

そのような政治劇は、すでにペリー艦隊が最初に浦賀沖に投錨したときから始まっていました。『遠征記』によれば、艦隊が江戸湾内を浦賀の岬から二・七キロほどの地点まで達し、二隻の蒸気船はさらにもう少し浜辺寄りに投錨すると、「たくさんの日本の番船が海岸を離れて追って」きました。しかしペリーは、「自分の乗艦以外の船には誰も乗せてはならないという至急命令を発し」、しかも自分の乗る旗艦でも、「乗艦を許される者は一度に三人を超えてはなら」ないというルールを徹底させました。それまでの海での慣習からするとこれは異例で、一般には「やってくる人々の乗船を無差別に許すのが軍艦の慣例」だったようです。

実際、ペリーに先立って一八四六年に浦賀沖に現れた東インド艦隊司令官ジェームズ・ビドルのコロンブス号は、「一度に一〇〇人以上の日本人を乗せた」そうで、「日本人はなんのためらいもなく士官たちの歓待を受け、すっかりくつろいでいた」のですが、それでも彼らは上陸することすらできず、日本との交渉は失敗に終わりました。そうした先例を踏まえ、ペリーは日本人の無遠慮な乗船を断固拒否し、それでも船に上ってこようとする日本人がいると、「水兵たちが、槍、短剣、ピストルを見せつけて相手を牽制」までしました(同書)。

日本との交渉に先立ち、ペリーが守ろうとしていたのは、ペリーの時代からはるか後に、社会学者のアーヴィング・ゴッフマンが論じたところの「表 - 局域」(表舞台)と「裏 - 局域」(舞台裏)の分離です。前者は特定の「劇」が演じられる場所で、そこでは演者が「その局域内での挙動が一定の基準を保持し体現しているという見せかけを与える」ために、「外面」についてのルールが守られなければなりません。他方、「裏‐局域」には、「小道具や個人の外面を形づくる細々としたものが、演技や役柄の全レパートリーという一種の折畳み式の形で収納」されており、そこで「衣裳とか個人の外面のその他の部品が調整され、遺漏がないかどうか点検」されるのです。ゴッフマンが強調したように、パフォーマンスが成功するためには、「表‐局域から裏‐局域への通路はオーディエンスには閉鎖しておくか、あるいは裏‐局域全体をオーディエンスにかくして」おくことが必要でした(E・ゴッフマン『行為と演技』)。

ゴッフマンがアメリカ社会学のパラダイムに影響を及ぼすのは一九五〇年代以降ですが、それより一世紀以上前、ペリー提督はその社会学的知見を経験から理解していたとも言えそうです。しかもペリーは、自分たちの艦隊の「裏‐局域」を日本人の目から遮断した上で、自身の「外面」、すなわち米大統領の国書を持って来日した司令官の地位にふさわしい「外面」を相手に求めました。実際、『遠征記』の次の場面は、まるで芝居の振り付けのようです。

〔近づいてきたオランダ語が得意な幕府役人に〕艦隊の司令長官という役職は合衆国では最高位のものであり、長官は浦賀の最高位の役人とのみ協議するつもりだと言い聞かせた。すると彼は浦賀の副奉行が同船していると言い、彼のかたわらにいる役人のひとりを指さして、この人物は浦賀の町の高官で、会談するにふさわしい人物であると語った。……そして、政府に艦隊来訪の目的を報告したいので、提督の方も副奉行に相当する地位の士官を任命し、協議に応じてもらいたいと申し入れてきた。提督はわざと時間をかけてから、この要求を受け入れ、副官のコンティ大尉に命じて副奉行と面談させることにした。……〔日本の役人二人が乗船し、艦長室で〕協議が行われたのだが、提督自身は故意に長官室に閉じこもり、副官を通してのみ日本人との交渉を進めた。

（前掲『遠征記』）

つまり、このペリー艦隊と徳川幕府との最初の出会いにおいて、ペリーは「わざと時間をかけて」副官を任命し、本人はすぐ近くにいるのに「故意に長官室に閉じこもり」、副官にそっと指示を出し続けたのです。乗船者の拒絶から舞台裏にこもっての指示まで、対日交渉が根本的にパフォーマンス性を帯びたものになることを、ペリーは十分に認識していました。

しかし、黒船来航を同時代の世界情勢の中で捉えた加藤祐三の『黒船前後の世界』が鮮やかに示したように、実はここで演技をしていたのは、ペリーたちだけではなかったのです。幕府側も、「詐術」とも言える実に大胆な芝居を白々と演じていました。加藤によれば、実は幕府の役職に「副奉行」などという役はそもそもなく、このときに浦賀の「副奉行」とされた中島三郎助は、奉行の下の支配組組頭のさらに下の与力にすぎませんでした。つまり、彼は地位を詐称したのです。さらに翌日には、「浦賀の奉行にして最高の役人」であると自称する香山栄左衛門がペリーの船にやって来ました。ペリーはこの浦賀の「奉行」に対する応接に、部下のブキャナン中佐とアダムス参謀長を当たらせ、「自分自身は日本帝国の顧問官〔閣僚〕以外の者とは応接しないという方針に従い、なおも面接を拒絶」しています。

実は、この「奉行」も偽者で、香山も中島と同じ与力にすぎませんでした。実際の浦賀奉行だった戸田伊豆守が、香山に「奉行」役を演じさせた可能性はありますが、以後、「奉行」役の香山が、ペリーたちとの交渉で中心的な役割を果たします。香山としては、この演技は「自分が奉行にとってかわるという大それた意図はなく、逆に自分が責任をとることによって、本当の奉行伊豆守に咎が課せられたとき、自分が身代りになる」つもりだったのだろうと、加藤は推察しています。私もその通りだと思いますが、結果的に、浦賀の日米交渉では、「一介の与力が、強大な権限をもつ役職のgovernorに化けた。ペリー側は、対等な地位の者として受けとり、ペリーが実質的な相手として登場」したのでした（加藤祐三『黒船前後の世界』）。

おそらくペリーは、香山の正体に途中から気づいたと思われます。『遠征記』は、日本人は外国人との交渉の場では、「臆面もなく嘘をついたり、表裏のある態度をとったり」すると書き残していました。この記述の裏には、ペリーが中島や香山が偽者なのを見破った上で、あえて彼らの「芝居」に乗った可能性が示唆されています。

ペリーたちが日本側の「詐術」を糾弾しなかったのは、ペリーにとっても彼らの演技が好都合だったからです。つまり、香山が本当の「奉行」かどうかは決定的な問題ではなく、少なくとも自ら「governor」を任ずる者が、江戸の幕府との間で機能してくれれば十分でした。

しかもペリーは、最新の蒸気艦を誇示しながらも、幕府と交戦するわけにはいきませんでした。彼の遠征目的は、あくまで大統領の親書を将軍に渡すことです。日本と交戦状態になればそれができなくなりますし、そもそもペリー艦隊は長期戦に必要な石炭の補給線を確保できていませんでした。巨大な蒸気軍艦は日本に見せつけるために連れてきたのであって、実際に戦争をするためではありません。ですから彼は、幕府との交渉で、日本人の「外国人に対する油断のない警戒心を刺激するような行動は一切とらないよう」注意を払っていました。ペリーが怖れていたのは、日本人が「不安か、もしくはほんの気まぐれ」から、それまでの交渉の成果を「すべてご破算」にすることです。ですから彼は、日本には急激な変化を求めるよりも、「部分的にせよ」、将来、「日本の法律や習慣が改革され、ひいてはその旧弊な制度が打破される」ことを期待していました（前掲『遠征記』）。

要するにペリーにとって、この遠征は江戸湾内で演じられる米日談合のパフォーマンスとなることが最高の展開であって、そのドラマを演じる役者たちが本物であるかどうかが重要だったのではありません。そして実際、日本側は、ペリーの期待以上に上手に「開国」へのドラマを演じてくれたのです。そうした展開は、ペリーにとってかなり上出来でした。

日本人によって描かれるペリーと黒船

周知のように、ペリーの遠征は広汎な日本人に「黒船来航」として受けとめられました。浦賀でペリーの艦隊を目撃した日本人は、この艦隊で決定的に重要なのが、帆を降ろしているのに海上を疾走していく巨大な蒸気船であることにすぐに気づきます。やがてこの「黒船」は、日本社会に海外から圧力が加わるときの一般的修辞となるほどでした。それほどに、「蒸気船＝黒船」の衝撃は大きかったのです。これはペリーの思惑通りでした。幕末の日本社会で「黒船来航」がどう受容され、大きな社会変動の契機となったかについては、すでに多数の研究が重ねられてきましたが、留意すべきは、当時から日本人の対米認識には、強大な他者に怖れ慄《おのの》く心性と、その他者についてのそれなりに正確な観察が、並存していたことです。

この乖離は、ペリー自身の顔の表現に明白に示されます。当時、ペリーの顔は、二つのまったく異なる仕方で描かれていました。一方は、魔物としてのペリーです。この場合のペリーは、鼻が異様に高く、つり目で、濃い髭を生やしています(第1講扉、右写真参照)。実際のペリーはやや下がり目で、眉は濃いけれども髭ははやさず(図1-4)、米海軍の軍服を着ていましたから、こちらの顔は本人にはまったく似ていません。むしろ、日本人の民俗的想像力の中での恐ろしいもの、畏怖すべきものの典型です。その民俗的イメージは、当然ながら「鬼」や「天狗」の姿に近くなり、目はつり上がり（鬼）、鼻は伸びる（天狗）のです。しかも、一般にはまだ「アメリカ」はまったく未知の国なので、とりあえずは中国人が想像する毛むくじゃらの「野蛮人」のイメージが混入していたかもしれません。これはまったく空想のイメージです。

他方、一八五四年に横浜村で日米和親条約の調印に臨んだペリーは、何人かの日本人画家によって写生されていました。嶋村元宏によれば、一八五四年に条約交渉の場となった横浜村を警備していた松代藩の高川文筌《ぶんせん》、これとは別に津山藩の御用絵師だった鍬形赤子が、実際にペリーの姿を見てスケッチを描いたそうです。他に、幕府応接掛筆頭林大学頭復斎の下で応接に参加した膳所《ぜぜ》藩の儒学者・関藍梁《らんりょう》もペリーをスケッチしていたそうですから、実物に基づく肖像画が複数あったはずです（嶋村元宏「ペリー・イメージの成立と展開」）。

図1-4　ペリー（1856-58年頃）

二度目の来日後の条約調印の場では、ペリーはもう演出的な理由から姿を隠してはいませんから、日本人が彼を直接目にする機会があったのです。そのどの絵がどう伝わって、幕末に多く流布した

図1-5　黒船の図（神奈川県立歴史博物館丹波コレクション）

ペリー像になったのかはわかりませんが、幕末に最も広く流布したペリー像とされる木版画「北亜墨利加人物ペルリ像」には元絵があり、その元絵にも参照した絵があったらしく話は複雑です。しかし、この木版画は実物のペリーに比較的よく似ており（第1講扉、左写真参照）、ペリーを実際に見て描かれたスケッチが、やがて木版画になったのでしょう。

では、ペリーが連れてきた蒸気艦はどう描かれたのでしょうか？　日本人は当時、すでにオランダの帆船のことは知っていましたが、蒸気船のことは知りませんでした。そこで黒船を描いたほとんどの絵が、船の中央にそそり立ち黒煙を上げる煙突や、側面に取り付けられた巨大なホイールを目立つように描いています（図1-5）。したがって、ペリーの顔ほどには差はないのですが、それでもオランダの帆船に煙突とホイールを付けただけのものから沖合の蒸気船を精密に写生したものまで様々です。「黒船来航」は徳川社会の根底を揺るがす大ニュースでしたから、そこから無数のイメージが発生し、かなり異なる受容をしていったわけです。ただ、概してペリー像では差が大きく、黒船像では差が小さかったようです。

黒船は日本人を乗せてアメリカへ

おそらく幕末の日本人は、「アメリカ人」が何者であるかを見極めかねていたのですが、「アメリカの技術」が何であるかは即座に理解したのです。そしてほどなく、エリート層はこの「技術としてのアメリカ」の諸要素を積極的に取り込んでいこうとするようになります。

その嚆矢は、ペリー来航からわずか七年も経ていない一八六〇年一月に横浜から出港した遣米使節団です。彼らが乗っていたのはかつての「黒船」の一隻、蒸気艦ポーハタン号でした(同号は一八五四年の横浜村への来航から参加)。七年前には、太平洋の西で国を閉ざし、そのちょっと前までは海岸に近づく異国船を容赦なく砲撃していた日本が、今や開国を迫るのに用いられたのと同じ「黒船」に使節を乗せ、渡米させるのです(宮永孝『万延元年のアメリカ報告』)。一九四五年以降もそうでしたが、日本には、内側からはなかなか何も変革できないけれども、「黒船＝外圧」によって大きな変化が生じると、そこからの変わり身はきわめて速いという特徴があります。「黒船来航」以降の日本の変化も、まさしくそのようなものでした。

非公式には、すでに渡米した日本人漂流民が何人もいましたが、公式の訪問としては、このときの幕府使節団が最初のアメリカ訪問者です。彼らにとって、この渡米は衝撃でした。その結果、「アメリカの技術」を全力で取り入れて幕府の軍事力を近代化し、危機的な状況の徳川体制を立て直そうとする者も出てくるのです。その代表が、小栗忠順《ただまさ》(上野介)です。

　小栗はこの万延元年の使節団に目付として参加し、そこで見たアメリカに決定的な影響を受けます。その後、彼は幕末のテクノクラートとして、幕府軍の洋式化と多数の洋式軍艦の購入、横須賀での日本初の製鉄所建設から三田用水や千川上水を利用した兵器工場の建設まで、必死で幕府の近代化路線を推進しました。しかし、鳥羽伏見の戦いで徳川慶喜は大坂城から逃走し、その後の江戸城明け渡しをめぐり勝海舟と真っ向から対立、慶喜は勝を採り、小栗を捨てました。傷心の小栗をさらに襲った不幸は、東進してきた薩長軍が高崎に隠遁していた彼を引きずり出し、惨殺したことでした。小栗の無念は会津藩士の無念と重なり、明治時代を通じて佐幕派の心情を捉え続けます。そして日清日露戦争以降、そんな敗者の心情が、逆説的に日本の帝国主義ナショナリズムと結びついていくのです(吉見俊哉『敗者としての東京』)。

　他方、横浜から出港した蒸気艦ポーハタン号には、一隻の蒸気帆船が使節団護衛のためとして同行していました。それが、一八五七年にオランダで製造された咸臨丸です。この咸臨丸には、艦長の勝海舟や中浜万次郎、福沢諭吉が乗り込んでいました。中浜はすでにアメリカを知悉していましたが、福沢には初めての渡米です。

　ちなみにこの咸臨丸の航海は、日本人による初めての太平洋横断と言われることがありますが、これは疑問です。艦長の勝は、後に名乗る「海舟」とはいささかこれみよがしで、咸臨丸では実質的なことは何もできていません。当時の日本人には、自力で太平洋を横断するだけの航海技術はなかったのです。実際の船の操縦の大部分は同乗した米海軍の軍人たちがしてくれたわけで、ポーハタン号も咸臨丸も、米海軍の全面支援がなければ太平洋を渡れていません。若き福沢諭吉は、この航海での勝海舟のだらしなさを目の当たりに見ていたわけで、後年の「痩せ我慢の説」に至るまで、福沢は勝を評価していません。

咸臨丸の目的は、この船で江戸とサンフランシスコの間を往復することでしたので、勝も中浜も福沢も数週間のサンフランシスコ滞在で帰国します。ですから、このときの福沢のアメリカ体験は限定的なものでしたが、それでも彼は、この滞米を通じ、関心の主軸を「技術」から「社会」へと移していきます。彼は自伝で、アメリカ滞在中、様々な施設を見学する中で、「理学上の事に就いては少しも胆を潰すと云うことはなかったが、一方の社会上の事に就いては全く方角が付かなかった」と語っています（福沢諭吉『福翁自伝』）。

というのも、福沢はすでに日本で蘭学書をむさぼり読み、電信やメッキ法、砂糖の製造法等々、西洋での技術革新についての知識を得ていました。ところが現地で彼が驚いたのは、日本では貴重品の鉄製品が、缶詰の空き缶や石油缶など、ゴミ捨て場に大量に捨てられていることでした。なぜ、アメリカ人はこれらの鉄を再利用せず、惜しげもなく捨てているのかが、福沢には理解できなかったのです。

また、福沢はアメリカ社会におけるジェンダー関係にも衝撃を受けています。あるアメリカ在住のオランダ人家庭の晩餐に招待されたときのこと、「中々の御馳走《ごちそう》が出る中に、如何にも不審な事には、お内儀さんが出て来て座敷に坐り込んで頻りに客の取持をすると、御亭主が周旋奔走して居る。是れは可笑しい。丸で日本とアベコベな事をして居る」と福沢は家庭での男女関係が日本とは逆だと見抜きます。

同様の日米の違いが血統の考え方にもあり、ある招待された場で、福沢が、ジョージ・ワシントン初代大統領の子孫が今、どのように暮らしているのかを尋ねると、その場にいたアメリカ人たちはほとんど無関心でした。福沢は、「勿論私も亜米利加は共和国、大統領は四年交代と云うことは百も承知のことながら、華盛頓《ワシントン》の子孫と云えば大変な者に違いないと思うたのは、此方の脳中には源頼朝、徳川家康と云うような考えがあって、ソレから割出して聞」いたのでしたが、アメリカ人のものの考え方はまるで違っていたと述べています(同書)。要するに、アメリカと日本は、技術水準が大きく違っていたという以上に、社会の成り立ちや個人のあり方そのものが根底から違っていたのです。

第2講
捕鯨船と漂流者たち
――太平洋というコンタクトゾーン

ジョン万次郎とホイットフィールド船長

ナンタケット島の港から

みなさんは、マサチューセッツ州の最南端、斧のように大西洋に細長くせり出しているコッド岬の沖合に浮かぶナンタケット島をご存じだと思います。今日では、ナンタケットは高級リゾート地として有名です。オーバーツーリズムにならないように入島者数を管理しており、ホテル代はかなり高いのにいつも満員です。私も一度、ナンタケット体験をしようと思って挑戦しましたがダメでした。それでも近くまでは行ってみようと思い、ボストンから車で数時間、コッド岬の先まで行ったことがあります。この岬には、二〇世紀初頭に気鋭の建築家たちが住宅建築の傑作を多数残し、同時代の文化人たちがコミュニティを形成していたのです。

とはいえ、一八世紀から一九世紀にかけて、ナンタケット島はリゾート地などではなく、アメリカ捕鯨最大の基地でした。この島にヨーロッパからの入植者が住み始めたのは一七世紀後半で、当初は半農半漁の小さな島にすぎませんでした。しかしやがて、島民たちは大西洋に突き出す岬と島で囲まれた地形が捕鯨に絶好の条件であるのを発見します(図2-1)。

本当は、入植者たちは太古からこの地形を利用して鯨獲りをしていた先住民の知恵に学んだのだと思います。植民者たちが押し寄せる以前、ここには多くのワンパノアグ族が住んでいて、鯨獲りもしていたようです。やがて一八世紀、ナンタケットは捕鯨の島として発展し続け、アメリカ独立戦争直前には一〇〇隻を超える捕鯨船がひしめきあっていきます。

多くの捕鯨船が独立戦争に動員されて沈没し、戦後、その隻数は一旦激減しましたが、一九世紀半ばまでに、ナンタケット島とその対岸のニューベッドフォードを中心にアメリカ捕鯨は戦前以上の繁栄を見せていきます。漁船数では、一八三三年に両港の捕鯨船数は三九二隻、鯨獲りの船員は一万人ほど、さらに一八四四年には船数六四四隻、鯨獲りは一万七六〇〇人となりました。一八三五年から六〇年までで一年当たりの捕獲した抹香鯨の油は一一万七九五〇バレル、髭鯨の油は二一万五九一三バレル、これらによって毎年平均八〇〇万ドル以上の収入が約束されました。捕鯨は当時のアメリカの一大産業だったのです。

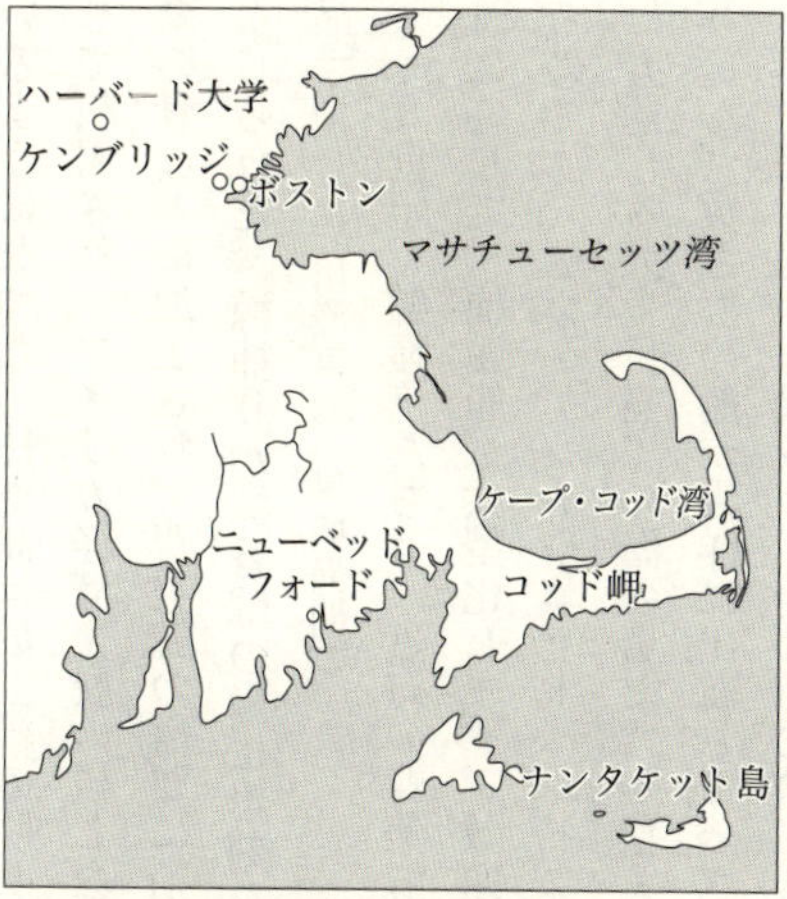

図 2-1　マサチューセッツ州地図

実際、一九世紀を通じて空前の繁栄に向かうアメリカでは、「多くの家庭が高価な鯨蝋（抹香鯨の頭部から汲みだした油）製の蠟燭を用いるようになった。抹香油は最上級の照明として、背美鯨の油は一般の照明や機械の潤滑油として利用され、アメリカ経済発展の核となった。さらに鯨髭が、縄、コルセット、乗馬用の鞭、傘の骨などに加工され、背美鯨の需要に拍車をかけた。竜涎香は、香水、薬品、媚薬として重んじられた。鯨捕りが抹香鯨の歯に彫刻をほどこしたスクリムショウは、高度な庶民の芸術品」でした(川澄哲夫『黒船異聞』)。

一九世紀、鯨獲りたちは、近海の背美鯨から遠洋を泳ぐ抹香鯨へと標的を拡大させます。これに応じて、捕鯨船も大型化します。数頭でも抹香鯨が獲れれば、そこから莫大な富が得られるのです。ナンタケットやニューベッドフォードには、カルフォルニアのゴールド・ラッシュにも通じる大金目当ての海の男たちが集まるようになり、それらの港から数十人の船乗りが乗り込んだ数百隻の船が大洋に出航していきます(図2-2)。彼らは大型捕鯨船の上で殺した鯨の必要な部位だけを採取し、他は海に捨てるというやり方で数年に及ぶ船旅をするようになりました。アメリカ先住民も日本漁民も昔から近海の鯨を獲っていましたが、このような効率本位のやり方は、アメリカ捕鯨が開発した方法です。一九世紀を通じ、大洋が徹底した資本主義的収奪の対象となっていきます。その収奪は、アメリカ先住民の徹底した否認の延長線上にあるものでした。そして、これだけ乱獲されれば、鯨は絶滅へと向かっていきます。

こうしてやがて、彼らは大西洋近海の抹香鯨をほとんど獲り尽くしてしまうと、南米大陸南端のホーン岬を廻って太平洋に進出します。それも最初は南米大陸の西沿岸で漁をしていましたが、やがてニュージーランド沖やモルッカ諸島まで進出し、さらに新たな漁場を求めて太平洋を北上したのです。この一連のプロセスは、太古の昔、アフリカ奥地から獲物を追って北に向かったホモ・サピエンスが、マンモスなどの大型哺乳類を追いかけてユーラシア大陸をどんどん東に旅し、さらにベーリング海峡を越えて北米大陸を南下、南米大陸にまで達した歴史を彷彿させます。こうしてやがてこの地球上の大陸からマンモスも他の大型動物も消えていくことになったわけで、人類は、その誕生間もない頃から、実に多くの大型哺乳類を絶滅か、絶滅に近いところまで追いやってきたのです。そうした中で、辛うじて獰猛な人類の襲撃を免れてきた大西洋や太平洋でも、ついに海の生態系の頂点に立つ巨大哺乳類として平穏な日々を送っていた抹香鯨たちにとんでもない災難が降りかかり始めるのです。

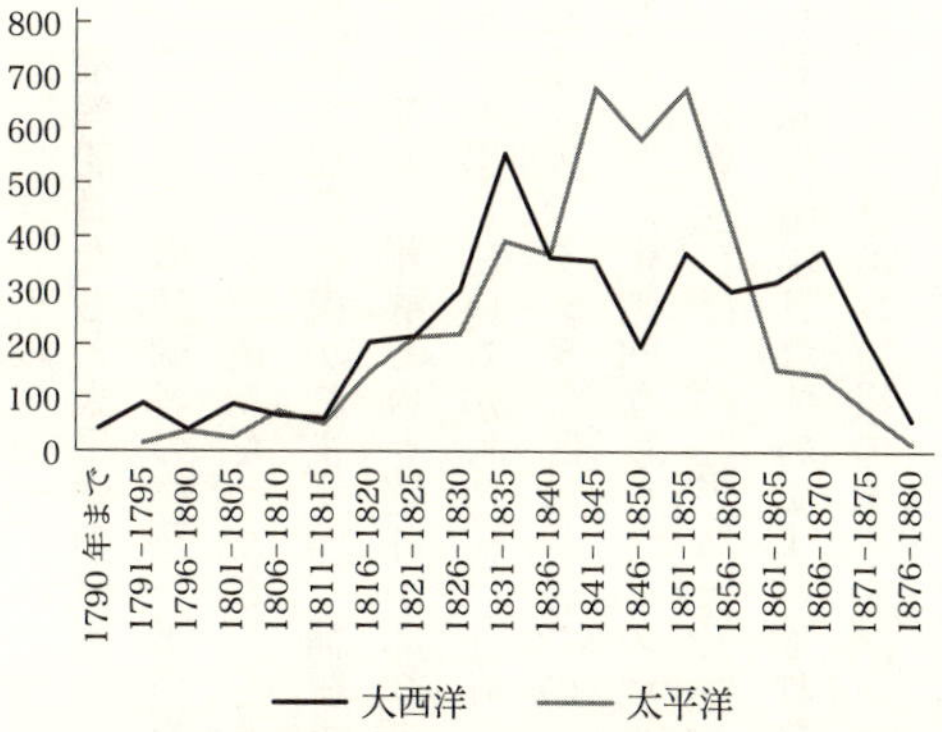

図 2-2　捕鯨船数の推移.
http://spo.nmfs.noaa.gov/mfr464/mfr46410.pdf. をもとに作成

捕鯨船員たちと太平洋の怪物

この時代の捕鯨者の物語を不朽の名作に結晶させたのは、もちろんメルヴィルの『白鯨』でした。自身が鯨獲りだったこともある著者の経歴が示すように、この小説はアメリカの捕鯨産業の絶頂期に書かれますが、捕鯨小説などという枠をはるかに超えて神話的な荘厳さに達した作品です。難解という定評がありますが、それはこの作品が近代的な意味での「小説」の前提をはみ出しているからです。とりわけ、『白鯨』の今日的な重要性は、西太平洋で繰り広げられる巨大なクジラと鯨獲りたちの熾烈な格闘を描くことを通じ、作者がアメリカ捕鯨を成り立たせてきた帝国的なまなざしの地平を、どこか裏返してしまっている点にあります。

この裏返しは、『白鯨』に登場する固有名詞が旧約聖書やアメリカ史の中で持っていた特異な意味に暗示されています。それを象徴するのが、語り手のイシュメールで、これは旧約聖書で、イスラエルの祖であるアブラハムとその妻の侍女、エジプト生まれのハガルの間に生まれた子の名です。やがてアブラハムの正妻サラに息子イサクが生まれると、ハガル母子は家を追われます。イシュメールは長じて射手となり、エジプト女性を妻として一二人の子をもうけ、その子たちがパレスチナやアッシリア、アラビアの民となります。この伝承から、イスラエルでは遊牧民をイシュメール人ないしハガル人と卑下的に呼び、他方でマホメットは、自分はイシュメールの子孫だと名乗ったそうです。今日のパレスチナ問題に通じるテーマを含んでいますが、そんな名を、メルヴィルは一七〇年前の『白鯨』で語り手の名としたのです。

そして、イシュメールたちが乗船するピークォド号の「ピークォド」とは、一七世紀に北米大陸にピューリタンたちが入植していった頃、東海岸のコネチカット州にいた先住民の部族名でした。ただしメルヴィルはこの名を、今では「滅亡してしまったマサチュセッツ・インディアンの偉大な部族の名」としており、この小説の解釈では後者が重要です。つまりメルヴィルにとってこの名は、ヨーロッパから入植したアメリカ人の原罪を意味していたのです。イシュメールと彼の親友となる南洋先住民出身の銛打ちのクィークェグは、ヨーロッパからやってきた白人たちが迫害し、絶滅させた先住民の名を冠した捕鯨船に乗り込んだのです。

その彼らにとって、白鯨とは何だったのでしょうか。メルヴィルは、ピークォド号の片足のエイハブ船長からすれば、白鯨は「魔性の悪念が凝って、眼前を遊弋する」怪物となったものだったと書いています。エイハブの理解では、白鯨は「近代のキリスト教徒すらも諸世界の半分はそのものが支配する領域だと考えた」悪を実体化していました(メルヴィル『白鯨』)。つまり、キリスト教的世界がもたらす光明に対し、白鯨は、その白さにもかかわらず、近代文明が征服できないでいる闇の領域を象徴する存在でした。

しかし、エイハブ以外の船乗りにとって、白鯨はもう少し曖昧で不気味なものでした。実際、捕鯨船が行き交う広大な海の上で、白鯨の噂話は「ただ転々とめぐり流れるだけで肥ってゆき、ついにはありとあらゆる虚妄の風説を一つに集め、魑魅魍魎の鬼児をはぐくみ、その結果モービィ・ディックなるものをば、実際に形をとって現われるいかなるものともゆかりのない新たな戦慄で彩ることとなった」と作者は書きます(同書)。

というのも、大洋を何年も孤独に航行する彼らは、「海上にある身の毛のよだつ怪奇なことどものすべてに、直接に触れる機会がもっとも多いからで、しかもその絶大な妖異と顔をつきあわせ、これを目撃するというだけでなく、おのが腕をその顎にかけて、これと格闘すらする」からです(同書)。彼らは、白鯨は「同時的にいたるところに遍在」し、不死身で、「脇腹に槍が藪のように突き刺さっても、平気の平左で泳いでゆくし、またかりに、さしもの怪物がいよいよ血糊を噴き上げさせられる断末魔の姿を見せたとする、しかしそれもやはり幻怪なまやかしの一つにすぎず、ふたたび何百リーグも遠方の、少しも血に汚れぬ波の上に、清冽な汐を噴きあげているのが見える」と語っていました(同書)。

侵略的な西洋文明に反抗し続けるこの白い巨大なクジラの物語は、やがて戦後日本が廃墟から復興していくとき、その復興に異を唱え、繁栄する大都市を度々破壊し尽くす暗黒の巨大怪獣、ゴジラの物語に引き継がれます。つまりゴジラは、もう一匹の白鯨です。実際、メルヴィルが白鯨の特徴として指摘した「無類の理知的な兇悪さ」は、ゴジラにも通じます。メルヴィルは、白鯨に「あれほど深刻な恐怖感がつきまとうにいたらしめたのは、その異常な巨軀でもなく、めざましい体の色でもなく、まして怪奇な形した下顎でもなく、……彼がその闘争において幾度となく発揮したところの、無類の理知的な兇悪さ」だったとします。白鯨は、「引き揚げどきの腹黒さに凄味があった。意気ごんで追いかける敵の前方を、いかにも狼狽したように泳いでゆくかと思うと、急に向き直って襲いかかり、ボートを粉微塵に打ちくだいたり」しました(同書)。私たちは、初代ゴジラから最近の『シン・ゴジラ』や『ゴジラ−1.0』に至るまで、この巨大怪獣が「無類の理知的な兇悪さ」を度々示すのをよく知っています。

ここで指摘しておきたいのは、白鯨のイメージが、ピークォド号が航海した一九世紀半ばの太平洋のイメージと絡まり合っていたことです。ピークォド号は、ナンタケット島を出港した後、南米大陸を廻って太平洋に出たのではなく、大西洋をアゾレス諸島沖、ヴェルデ岬沖というように南下し、喜望峰を廻ってインド洋に入り、やがてジャワ島とスマトラ島の間のスンダ海峡を通り南シナ海に抜け、そこから西太平洋に出ていきました。つまり、前回お話ししたペリー提督の大遠征と同様、アメリカ東海岸を出た船は、はるばる大西洋とインド洋を通過して太平洋に出ていたのです。その意味で太平洋は、西洋にとって最果ての地でした。

ですからその分、太平洋は大きな幻想を抱かせます。ピークォド号が西太平洋まで達したとき、イシュメールは、「いかなる甘美な神秘の数々がこの海にまつわっているか誰も知らぬ。

……ここにこそ、黒白《あやめ》もわかぬ幾千万の暗い影、溺れた夢、夢中の遊行、現の幻、なべてわれらが生命と呼び魂魄と呼ぶもののすべてが、その底に夢みつつ、夢みつつ横たわっている」と語ります。そして日本は、そのさらに先にあったのです。ですからイシュメールは続けて、太平洋には「幾条の銀河のごとき珊瑚礁、限りもなく低く横たわる無数の群島、未知の扉に閉ざされた幾多の〝日本〟が漂っている」と述べていました(同書)。

しかしイシュメールは、やがて日本が確実に門戸を開いて海洋でつながれた世界の一部になると考えていました。そして、その扉を最初に開くのは捕鯨船だという確信が彼にはありました。なぜなら、捕鯨船は未知の海域を発見し、探検し、島民と西洋を結ぶパイオニアだからです。「数限りないポリネシアの島々も同じ事実を知っておるし、布教師と商人とのために道を開き、幾度か初期の宣教師たちを、その目指す伝道地に送りとどけたことのゆえに、捕鯨船に対して通商上の礼を払うのである。もしあの二重に閉鎖された国、日本が、外人を迎えることがありとすれば、その功績を負わしめらるべきものもまた、捕鯨船のほかにはない。それは今日すでにかの国の扉口に近づいてすらいる」と、彼は断言しています(同書)。

鯨を追ってジャパン・グラウンドへ

実際、ナンタケットから広がったアメリカの捕鯨産業は、やがて日本列島に達します。それはかなり早く、コッド岬の生まれで鯨獲りでもあったジョン・ケンドリックが海賊的な商人となり、レディ・ワシントン号とグレイス号を率いて紀伊半島串本を訪れたのが一七九一年のことでした。ペリー遠征よりも半世紀以上前に、アメリカは日本に達していたのです。

ケンドリックの訪日は冒険的なものでしたが、アメリカの捕鯨船が本格的に日本近海で鯨を獲るようになったのは一八一九年頃からです。この年、ジョセフ・アレン船長が指揮する三一五トンの帆船マロー号がナンタケット島から日本近海に向かい、三年後、三四二五バレルという大量の鯨蠟を積んで帰還します。これを機に、アメリカの捕鯨船は次々に西太平洋の、「ジャパン・グラウンド」と呼ばれた日本近海を目指すようになったのです。「日本漁場発見のニュースは、海のゴールド・ラッシュを生んだ。一八二二年の捕鯨シーズンには、六〇隻以上の捕鯨船が、日本沖で抹香鯨を追いかけていた」と川澄哲夫は書きます(川澄、前掲書)。

こうして数多くの捕鯨船が日本近海で操業するようになり、それらの船と日本の漁師たちが遭遇し始めます。すでに一八一八年頃から、水戸沖合で異国の捕鯨船が鯨捕りをしているのが見られたそうです。当初、漁師たちは気味悪がって近づきませんでしたが、「あるとき忠五郎という男が小舟で異国船に出かけていった。すると異人たちは縄梯子を下し、彼を船中に引きあげ、船主の部屋でご馳走をしてくれた。忠五郎から船中の様子を聞いて、ほかの漁師たちもだんだん異国船へ出かけて行くようになり、そのたびに酒食を振る舞われて帰って」きました。

彼らは「親しくなるにつれて、持っていたキセル、タバコ入れ、あるいは着ている半纏などを、異国の品物と交換するようになった。ところが、その品物を持ち帰って売ると高い値で売れる。そこで、こんどは品物を自分で仕入れたり、商人から委託されて、半紙、木綿、絹、反物などを持参して交易」し始めたそうです(同書)。

この捕鯨船は、実は英国籍だったようですが、同様の遭遇は米国籍の捕鯨船との間でも始まっていました。漁師たちにとって異国の捕鯨船は竜宮城のようなものであったでしょうが、紛れもなくこれは、日本人が草の根レベルで海外に開かれ始めた瞬間でした。そうした交流はもちろん幕府の禁令に触れましたから、見つかると処罰されます。しかしそれでも、日本の漁師たちと異国の捕鯨船の交流は、幕府の目の届かないところで生じていたのです。

やがて、それらの漁師が一時的に捕鯨船と交流するだけでなく、実際に捕鯨船に乗ってハワイやアメリカ本土まで旅するケースも出てきます。それは、日本の船が嵐に遭遇して漂流し、流れ着いた島に立ち寄った捕鯨船に救出されることによって生じていきました。

そもそも日本近海に鯨が多く集まっていた理由は海流にありました。房総沖や伊豆七島、小笠原諸島にかけての海域では、ちょうど沖縄から鹿児島、高知、紀伊半島の沖を北上してきた黒潮と、十勝沖から三陸沖へと南下してきた親潮の二大海流がぶつかり、合流しながら太平洋をはるか東に流れていきます。親潮の豊かな栄養塩が黒潮によって温められて植物性プランクトンが大量発生し、それらを餌とする動物性プランクトンが集まり、さらにそれらを餌とする魚が集まりという食物連鎖の頂点で、鯨がこの海域に集まっていたのです。

まさにこの大海流の衝突によって、高知や紀伊半島の沖で遭難した船は、黒潮に乗って沖合に流され、運が良ければ伊豆七島や小笠原諸島、時にはハワイ諸島に流れ着く可能性がありました。そうしたなかでも多くの漂流者が流れ着いていたのが鳥島です。八丈島のはるか南のこの無人の火山島は、二つの海流の合流ルートからすればかなり南にありますが、黒潮には「大蛇行」と呼ばれる南に大きくルートを変える現象が間歇的に生じており、この大蛇行期に遭難した漂流者は、しばしばその蛇行ルートの先にあった鳥島に漂着していたのです（図2-3）。

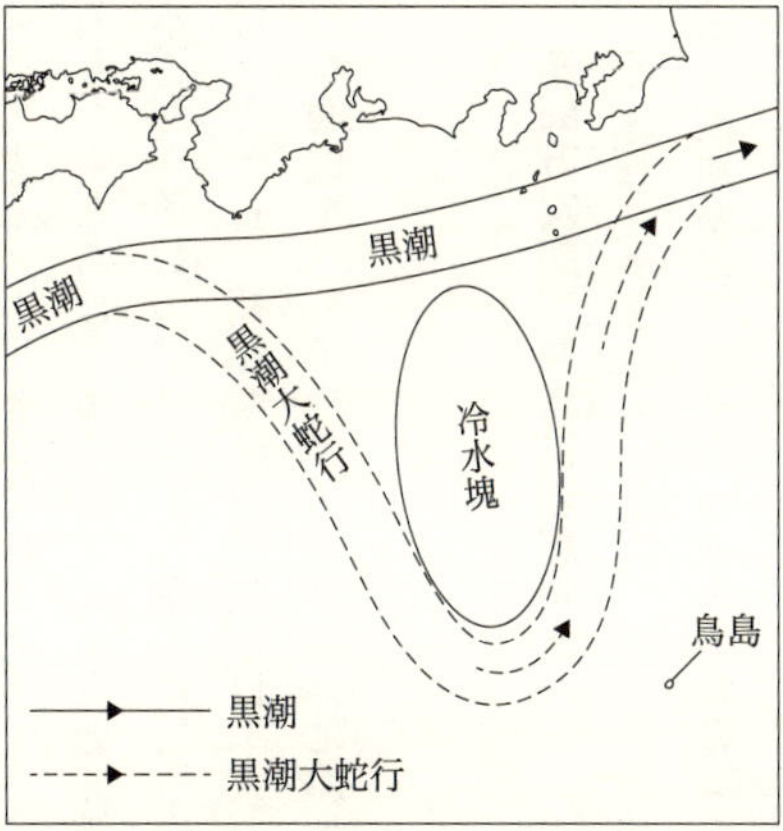

図 2-3　黒潮は，遠州灘沖に冷水塊が生じた際には，大きく蛇行する．中濱博『中濱万次郎』所収の図「冷水塊と黒潮蛇行」「漂流経路推定図」をもとに作成

こうして鳥島に流れ着いた漂流者は、記録に残るだけでも一六八〇年頃からあり、一八世紀後半からは増えていきます（中濱博『中濱万次郎』）。しかし、一八世紀まで

の漂着者と一九世紀以降の漂着者では、漂着後の運命が異なりました。一九世紀以降に島に漂着した者たちは、多くがアメリカの捕鯨船に救出されます。それほどまでに、一九世紀には日本近海を多数のアメリカ捕鯨船が行き来していたのです。ところが、当時の日本はまだ鎖国下でしたから、捕鯨船は救出した日本人を故国に引き渡すことができません。それで彼らは、哀れな漁民をハワイやアメリカ本土に連れていき、そこから日米のより深い対話が始まったのです。

漁師万次郎、鳥島に漂着する

そうしてアメリカと出会い、アメリカ社会に最初に深く入っていったのが、土佐中ノ浜(現・高知県土佐清水市)の漁師の子だった万次郎です。やがてアメリカ人から「ジョン・マン John Mung」と呼ばれていく少年は、一四歳の頃、宇佐(現・土佐市宇佐町)の漁師筆之丞の下で働き始めました。そうして彼は、一八四一年一月、筆之丞(当時、三八歳)以下、筆之丞の弟の重助(同、二五歳)、同じく弟の五右衛門(同、一六歳)、それに寅右衛門(同、二六歳)と共に宇佐沖に漁に出ます。

ところが彼らが足摺岬の沖合で操業中、天候が急変し、船は強風で吹き流されて櫓が折れ、予備の櫓も失って漂流を始めてしまいました。やがて船は黒潮に乗り、相当なスピードで室戸岬沖から太平洋の沖合に押し出されます。さらに、大蛇行する黒潮ルートからも弾き出され、漂流から約五日後に鳥島に漂着するのです。彼らはそこで、島に棲息するアホウドリを捕まえて食べ、水を求めて島を彷徨《さまよ》い、アホウドリが去った後では貝や海藻で五か月近くを生き延びました。季節が初夏となった頃、ウィリアム・ホイットフィールド船長が率いる捕鯨船ジョン・ハウランド号が食料として海亀を確保しようと島に立ち寄った際に救出されたのです。

日本の船乗りが黒潮に乗り太平洋沖に流されたのは、決して万次郎たちが最初ではありません。万次郎の漂流よりも約一〇年前、知多半島出身の音吉は、なんと一四か月の漂流の末にアメリカ西海岸に漂着します。それ以前にも、一八二四年、ナンタケット島から出港したオーロラ号が、南鳥島の東方沖を漂流していた九人の日本人を救助した例がありました。また一八三九年には、松前で昆布や塩鮪を積み込んだ越中富山の船・長者丸が、三陸海岸から江戸に向かっていたところを暴風で押し流され、約五か月も漂流、生き残った七人の船乗りが救助されています。川澄は、「鯨捕りたちは、高いマストの上から鯨を求めて海上を満遍なく見張っているので、漂流船を見つけやすかった」のだろうと書いています(川澄、前掲書)。

こうした捕鯨船による日本人救助の中でもエポックとなったのは、万次郎たちが救助された数年後、一八四五年にマンハッタン号が、やはり鳥島とその沖に漂着していた日本人船乗り二二名を救助した出来事でした。マンハッタン号もまた、海亀を捕らえて食料にしようと鳥島に近づき、そこに阿波の幸徳丸の漂流民一一人と銚子の千寿丸の漂流民一一人、計二二人の日本人を発見したのです。彼らの救助は、助けられた日本人の数が多かっただけでなく、その後の経緯も以前とは違いました。それまで日本人を救助した捕鯨船は、漂流民を日本に送還しようにも、幕府の厳しい鎖国政策で日本沿岸に近づけば攻撃される危険性がありましたから、万次郎たちもそうであったように、日本人を乗せたままハワイに向かっていたのです。

しかし、このマンハッタン号の際には、救助した日本人がことのほか多かったためか、船長は彼らを浦賀に送り届けます。ちょうどその頃、幕府は悪名高い異国船打払令を改めていたので、奉行所は届けられた日本人を丁重に受け取りました。そしてこの送還の成功が、アメリカのメディアでも報道され、日本に変化が生じ始めていることが伝えられていきます。このマンハッタン号による日本人送還の成功は、ペリー遠征の伏線の一つとなっていきました。

ジョン万次郎、アメリカと邂逅する

さて、捕鯨船に救助された日本人は多くの場合、ハワイで下船し、日本帰郷の方法を探っています。ところが、万次郎たちを救助したジョン・ハウランド号で生まれた一つのドラマは、ホイットフィールド船長が万次郎の頭の良さに目を止め、また万次郎も捕鯨船に乗り続け、日本人はまだ誰も足を踏み入れたことのない太平洋のはるか東の異国に行ってみたいという希望を抱いたことでした。こうして万次郎以外の土佐漁師たちはハワイで下船しますが、万次郎だけは船に残り、船長と共にニューベッドフォードへと向かいます。そしてホイットフィールド船長の庇護の下で、本格的にアメリカの市民生活や知的世界を学んでいくのです。そのようなことは、万次郎以前の日本人は誰一人としてしたことのないものでした。

万次郎は、ニューベッドフォードの港から上陸後、ホイットフィールド船長の故郷である隣町のフェアヘーブンで船長の養子のように一緒に暮らしていきます。まもなく彼は、船長の家の近くにあったストーン・スクールという公立学校で小学生に交じって英語を学びます。やがて船長がスコンチカットネックに農場を買って移住すると、万次郎も転校してその地の学校に通いました。その後はフェアヘーブンにあった上級のバートレット・アカデミーで英語・数学・測量・航海術・造船技術などを学んでいったのです。つまり、万次郎はアメリカの教育システムの中で必死に近代的知識を学んだ最初の日本人学生でした。同時に彼は、船長に連れられて教会へも通うようになりますが、ホイットフィールドがもともと通っていた教会がアジア人の万次郎を人種差別したことに船長は怒り、万次郎を快く受け入れたユニテリアン教会に自分も礼拝所を変えたという微笑ましい逸話が知られています。

つまり、「ジョン万次郎」を誕生させたのは、かなりの程度、ホイットフィールド船長の愛情です(第2講扉参照)。彼の公平な誠実さがなければ、中ノ浜村の漁師万次郎は、日本人としてアメリカ社会を最初に深く経験した「ジョン万次郎」となることはなかったのです。その船長は、当初、万次郎が日本に帰郷することに反対でした。当時のアメリカの捕鯨業界では、徳川幕府が厳しい鎖国政策から、たとえ日本人でも海外を漂流後、帰国した者を厳しく処罰することが知られていました。それに加えて、万次郎の成長をずっと見守ってきたホイットフィールドは、「ジョン・マンには鯨獲りがいちばんふさわしい職業」だと見抜いていたのです。

実際、やがて帰郷した中浜万次郎は、当時としては得難いその知識を薩摩藩や土佐藩、幕府、さらに明治政府に存分に使われ、彼自身が思い描いていたのとはかなり異なる人生をたどるのですが、その伝記や記録が示すように、最後まで「鯨獲り」としてもう一度太平洋に出ることを夢見ていました。太平洋こそが、彼の本当の故郷であったと言えるでしょう。

万次郎はアカデミーを卒業後、ジョン・ハウランド号で知り合ったアイラ・デービスが船長となったフランクリン号が捕鯨に出ることになると、これに乗って再び海に出ます。このとき船は大西洋からインド洋、太平洋へと廻り、ハワイ寄港後、小笠原や琉球を訪れますが、日本への帰国は実現しませんでした。航海中、デービスが精神に異常を来たし、彼に代わる船長選挙が船員の間で行われると、万次郎は副船長格の幹部に選ばれています。ホイットフィールド船長の眼力に間違いはなかったわけです。やがて万次郎は、日本帰国の資金を貯めようとしてゴールド・ラッシュで沸くカリフォルニアで金採掘に従事し、さらにホノルルに渡ってかつての漁師仲間たちと再会、彼らと共に琉球経由で日本に帰る計画を実行に移していきます。このあたり、万次郎の判断力や実行力には抜きん出たものがあります。

こうして漂流から一〇年後、一八五一年に彼らは幕府の取り調べを覚悟の上で琉球の海岸に漂着するのです。当時、琉球は薩摩藩の統制下にありましたから、薩摩藩主島津斉彬の命で丁重な「取り調べ」を受けます。鹿児島に移ってからも斉彬は取り調べを可能な限り長引かせ、万次郎からアメリカ情報を聞き出します。その後、万次郎は長崎奉行所に移送され、そこでも丁重に尋問されました。やがて彼は土佐に戻されて母と再会しますが、土佐藩にとっても万次郎の知識は貴重で、彼は士族に取り立てられます。そうこうする間に黒船来航となり、今度は幕府が万次郎の知識を必要とし、彼を江戸に呼び出すのです。要するに、一八五〇年代の日本は対外関係が激変し、万次郎の経験は為政者にひっぱりだことなっていきました。

しかし万次郎は、そのような幕府や雄藩がしのぎを削る複雑な政治状況にすんなりと適応できたようには見えません。たしかに万次郎は、「アメリカ」を最もよく知る日本人として重宝されます。しかし、物心ついてから万次郎が見知っていたのは、土佐漁師の世界とアメリカ東部の市民生活、そして太平洋捕鯨の船乗りの世界でした。錯綜する幕末の政治状況に翻弄され、アメリカについての知識をいいように使われていった万次郎が、それでも最もこだわっていたのは、やはりジャパン・グラウンドでの捕鯨に日本人が乗り出すことでした。

そのため万次郎は、帰国から約一〇年後、幕府の小笠原諸島への植民政策に寄り添いつつ、彼の英学の門下生で富豪だった平野廉蔵が買い入れたオランダ帆船を西洋式捕鯨船に改造してジャパン・グラウンドへの捕鯨に向かいます。石原俊は、万次郎が、幕府の官吏の身体と太平洋を旅する移動民の身体の両方を生きていたとしています(石原俊『近代日本と小笠原諸島』)。

後に鶴見俊輔は、万次郎のアメリカ体験について、「身分にも門地にもとらわれないあつかいをうけ、一八四〇年代の米国人の間で、少年漁師万次郎は、その能力と人がらにふさわしい後には選挙によって捕鯨船の副船長になった。日本にもどってからの彼は、二十四歳の青年として彼が当時の日本人の中でもっていた才幹にふさわしい活動ができる役職をあたえられることがなく、その事情は、明治の新政府になってからも変わらなかった」と書いています(鶴見俊輔「漂流の思想」)。ホイットフィールドが万次郎の才覚に目を止め、彼を実質的に自分の家の養子のようにして育てたのは、単に彼の人徳というよりも、大洋で鯨を追い、移動を重ねる海の男たちに、アメリカの原型的な民主主義が生きられていたからだと思います。そのような実践感覚からすれば、人種や階級云々ではなく、海に生きる才覚こそが大切だったのです。そしてホイットフィールドの眼から見て、万次郎にはその才覚がありました。

鶴見はさらに、万次郎がホイットフィールドと過ごしたアメリカ生活で何を学んだのかについても正鵠を射る指摘をしています。曰く、滞米生活を通じて万次郎が身に着けたのは、「第一にアメリカの民衆と日常生活をともにする心がまえであり、第二に日本が日本をこえたひろい世界の中でどういう位置にあるかについての船乗りとしての位置づけである。……家の日常生活はどのように動くか。町のくらしの習慣はどのようなものか。国全体の政治の規則はどのようにしてきまるのか。それまでの二十四年のうちの十年をアメリカ人の間でくらした万次郎が、アメリカ人の日常生活を動かす規則を身につけて、日本を見たらどう見えたか。米国でくらすことはたやすくできたが、それを彼はしりぞけた。……〔そうして彼は〕世界の人びとのまじわりの輪の中に日本が入ってくることを望み、そのために日本にもどりたいと彼は思った」（同論文）。この愛郷心を、鶴見は支持していると私は思いますし、こうしたアメリカへの、そして日本への両義的なまなざしは、鶴見自身のものでもありました。

コンタクトゾーンとしての小笠原諸島

ところで、太平洋におけるアメリカ捕鯨は、ナンタケット島とコッド岬を原点、ハワイ諸島を中継点としていましたが、ジャパン・グラウンドで漁を続けるにはハワイはやや遠く、もう少し日本列島に近い前線基地が必要でした。とはいえ、幕藩体制下の日本は簡単には近づけません。そうした中で、前線基地として重要性を急上昇させたのが、当時はまだ日本の政治的権力が及んでいなかった小笠原諸島でした。こうして一八三〇年代には、捕鯨船の寄港地としての需要を当て込んで、小笠原への入植が開始されます。その結果、「小笠原諸島は、雑多な移動民が寄留または居住する島々として、たちまちのうちにジャパン・グラウンドにおける経済活動の一大結節点となっていった」のです(石原、前掲書)。

この一大結節点は、移動民たちのコンタクトゾーンでもありました。石原によれば、「捕鯨船の寄港地は、船舶にとっては船体の修理や薪水・食料の補給などを行う場であったが、船員たちにとっては、港に集まる雑多な人びとと接触して、自分の貴重な所持金や所持品と引き換えに、かれらが提供する物資やサービスを消費する場であった。とりわけ寄港地の女性によって提供される性的労働は、長らく閉じられた船内に置かれていた男性船員からの需要が高いサービス」でした(同書)。寄港地は、そうした物資や性の売買だけでなく、しばしば捕鯨船からの逃亡者の隠れ家となり、荒くれ者が掠奪を働く場ともなってきました。

さらに、寄港地に人が集まると、そこは捕鯨船が新たな船員をリクルートする寄せ場的な性格も帯びていきます。当時、「捕鯨船や商船の労働過程から／への離脱と参入を繰り返しながら太平洋の海と島々を転々と放浪する自称「白人」」は、「ビーチコーマー」と呼ばれ、「生計を維持できる間は島の「原住民」に混じって過ごし、生計が立ち行かなくなると捕鯨船や商船に雇われ、生計の目途が立つとふたたび船から降りる」移動と寄留を繰り返していました(同書)。

このようなコンタクトゾーンとしての性格を、とりわけ小笠原諸島が持つようになっていった最大の理由は、小笠原の無主無縁性、いわばアジールとしての特徴にあります。それまで無人の火山群島だった小笠原は、西太平洋捕鯨の活発化を受けて移住者が住みついていった島々なので、住民のすべてが移住者でした。この地が北米大陸や北海道と異なるのは、そこにはそもそもの先住民がいなかったことです。

やがて移住者たちは、「漁業・狩猟・採集・農耕・牧畜が混じり合った生産活動をいとなむことによって、またこれらの生産活動によって得た物資を寄港する船舶との交易に供することによって、生計を立てるようになってい」ったと石原は述べています(同書)。同時に「移住者たちは、寄港する船舶の労働現場から離脱する者や逃亡する者をかくまう場を用意して、世界市場の前線である船上の労働過程から自律した領域を形作っていた。さらにかれらは、島の外部との交易によって資源が枯渇しないように、また新たな上陸者が従来からの移住者の経済活動を阻害しないように、島の内部でローカルな法を作り上げ」ることもしました(同書)。このようにして幕末の小笠原諸島では、ジャパン・グラウンドで隆盛する捕鯨船のネットワークを媒介に、開かれたローカルな秩序がグローバルな市場に結ばれていたのです。

一九世紀、小笠原諸島に最初に注目したのはギリス帝国でした。一八二七年六月、フレデリック・ビーチーを艦長とする海軍の探検船ブロッサム号が小笠原を訪れ、この島々を本格的に調査します。彼らは船舶の停泊に適した湾(現・二見湾)を発見し、そこから父島に上陸しました。そうすると、島にはすでに二人のイギリス人が生活していました。彼らは「前の年に突風のため湾内で遭難したロンドンの捕鯨船ウィリアム号の乗組員であった。他の乗組員は、たまたま寄港したティモール号という捕鯨船で島を去ったが、二人は自ら希望して島に留まり、ロビンソン・クルーソーのような生活を送って」いました(田中弘之『幕末の小笠原』)。ビーチーらは、父島を約一週間調査した後、「国王ジョージ四世の名においてこれらの島々の領有を宣言」し、現在の二見港はオックスフォード前主教の名にちなんで「ポート・ロイド」、父島は内務大臣の名前から「ピール・アイランド」というように島の各所に名づけします(同書)。

さらに翌年、フョードル・リュトケを艦長とするロシアの探検船も小笠原を訪れ、地質学者や植物学者、鳥類学者が島を調査します。一九世紀、科学的な知と帝国主義は深く絡まり合っていましたが、ロシア船の小笠原調査はそうした一九世紀アカデミズムの実践でした。

しかし結局、イギリスもロシアも、小笠原諸島を実効支配するには至りません。彼らからすれば、やはり小笠原は遠かったのです。これらに対し、小笠原諸島のすぐ近くで操業し、それを続けるために停泊港を最も必要としていたのはアメリカの捕鯨船でした。結局、まず父島に捕鯨船の需要を見込んだ人々がハワイから移り住み、彼らが島々を実効支配していくことになります。ですから小笠原は、日米戦争後の占領期よりもはるか以前、ハワイ諸島がそうであるのと同様、そもそもアメリカによって占領された島だったのです。実際、ペリー提督はその遠征で、日本列島と同時に小笠原諸島と琉球諸島を訪れ、西太平洋での交通と捕鯨のルートをイギリス帝国に先んじてアメリカが確保するにはどうすべきかを考えていました。

占領され続ける西太平洋の島々

このアメリカによって先行的に占領された島に、やがて徳川幕府の使節団が中浜万次郎を連れてやって来ます。その頃、小笠原を実効支配していた中心人物は、ナザニール・セボリーというマサチューセッツ州出身のアメリカ人でした。その小笠原に外国奉行水野忠徳率いる幕府の使節団が訪れるのは一八六一年で、用いられたのは、かの咸臨丸でした。当時、井伊直弼が桜田門外の変で倒れた後、幕府は幕末に向かう動乱に翻弄されながらも、なんとか反動から脱して海外への回路を構築していこうとしていました。咸臨丸は、苦難の航海の末に上陸し、水野はセボリーと交渉していきますが、そこで通訳の役割を果たしたのが万次郎でした。

しかし、この小笠原調査での万次郎の役割は通訳以上のものでした。万次郎は以前、アメリカの捕鯨船で小笠原を訪れていましたから、太平洋捕鯨にとってのこの島々の重要性を理解していました。ですから彼は、日本が小笠原諸島に拠点を置き、この海域で商業捕鯨に乗り出すことを幕府に提案していたのです。この提案は部分的に受け入れられ、万次郎は「捕鯨御用」

を申し渡され、幕府がロシアから購入した帆船で出航しますが、台風に遭って航海は失敗します。万次郎がこの失敗で小笠原の捕鯨拠点化を諦めるはずもなく、その後、彼もその一員として渡米した一八六〇年の遣米使節団でも、復路で咸臨丸を小笠原諸島に寄港させることを目論みます。そしてついに六一年、万次郎らは咸臨丸による視察を実現させたのです。

その際、幕府は小笠原にすでに外国人移住者がいるのを知っており、彼らを幕府の権威に服属させるため、大砲を備えた蒸気軍艦、すなわち咸臨丸を派遣します。この経緯を説明した石原俊は、幕府の振る舞いで、一〇年前に「アメリカ合衆国の主権のエージェントを自任するペリー艦隊が、文明国の名において「万国公法」の受け容れを幕藩体制に迫った際の身振りは、幕府のエージェントの手でやや性急に模倣」されたと述べます(石原、前掲書)。

結局、幕府はアメリカの占領地を再占領します。この日本による再占領は、明治政府によって引き継がれ、小笠原諸島は大日本帝国の領土に組み込まれます。しかし、第二次世界大戦後、激戦地硫黄島を含むこれらの諸島は、アメリカによって再々占領され、やがて一九六八年に日本に返還されていくのです。つまり小笠原は、空間的にコンタクトゾーンであっただけでなく、時間的にも異なる主権が交錯する歴史をたどってきました。

こうした支配の重層は、西太平洋に広がる島々に共通していたと思います。今日、ハワイやグアムはアメリカ合州国の一部、小笠原や奄美、そして沖縄は日本の一部です。しかし一九世紀初頭までの西太平洋の地理学はこれとは異なり、ハワイも琉球も王国で、太平洋や東シナ海の交易のハブとなっていました。そして小笠原やグアムのようなより小さな島々は、時折、漂流者や探検船が訪れることはあっても、帝国や国家とは異なる地理学の中にあったのです。

一九世紀半ば、多数の捕鯨船がジャパン・グラウンドに殺到し、よりグローバルな視座からイギリス帝国とアメリカ合州国が同時的に太平洋で帝国的覇権を握ろうとする中で、この海域の地理学は根底から転換していきます。ペリー提督の遠征は、そうした世界史的転換を画するもので、日本にとっての「黒船来航」はその一部です。そしてすでに明治維新以前から、幕府はアメリカをモデルに西太平洋に帝国的なまなざしを向け始めていました。つまり米英露の三つの列強に対し、第四の太平洋国家を目指し始めていたのです。

古代から東アジア最大の国家でありながら、この瞬間に完全に視界の外に置かれていくのは中国です。つまり日本が太平洋を意識し始めることは、その分だけ中国を意識しなくなる、あるいは古代以来の中華文明の呪縛から離脱していくことを意味しました。

それが文字通りの脱亜入米だったわけですが、この転換が、「日本」「中国」「アメリカ」という三国の国家的な関係の変化として起きたと考える以前に、まず西太平洋の島々の海域をめぐって起きたと考えることが重要です。アメリカ大陸と中国大陸に挟まれながら、千島列島、日本列島、琉球諸島、台湾、フィリピン、インドネシアへと連なる数万に及ぶ群島から成る長い弧は、東方沖に伊豆諸島や小笠原諸島、マリアナ諸島、マーシャル諸島などを含んでいました。今日では、米軍基地がこれらの島々の要所に置かれ、太平洋全域にアメリカ文明が浸透しています。しかしこの地政学を、米中対立という大国主義的な地平から考える以前に、まずは西太平洋に広がる島々での、鯨獲りや漂流者、古代からの海路の接触域が、いかに近代世界システムに組み込まれていったのかという視点から再考してみるべきなのです。

第3講

宣教師と教育の近代

――アメリカン・ボードと明治日本

札幌農学校第1期，第2期生のキリスト信徒．1880(明治13)年7月18日第1期生卒業記念撮影．後列左より5人目が内村鑑三．前列左より2人目が新渡戸稲造，6人目が宮部金吾．

宣教の国

今日、アメリカの総人口約三億三六〇〇万人の約七割がキリスト教徒で、多くがプロテスタント系です。その数は世界最大で、なかでも最大の宗派は南部福音派になっています。この南部福音派が、ドナルド・トランプ氏の有力な支持基盤であることはみなさんもよくご存じですね。しかし、アメリカのプロテスタントは、今日の南部福音派のように聖書の叙述を無批判に信奉する保守的な人々ばかりだったわけではなく、一九世紀には会衆派や長老派などのリベラルな傾向の宗派が主流でした。アメリカのキリスト教＝偏狭な保守派という図式は、最近の南部福音派には当てはまりそうですが、キリスト教一般に当てはまるわけではまったくなく、一九世紀に活躍したプロテスタント諸派の宣教師は、むしろ国内外で社会改革を先導していたのです。彼らは一九世紀、奴隷廃止運動や禁酒運動、参政権拡大運動、日曜学校建設や貧民救済などの改革運動を推進していました。その伝統の先に、一九六〇年代の公民権運動のリーダーだったマーティン・ルーサー・キング牧師も登場したわけです。

こうした一九世紀からの運動の中心地は、ここマサチューセッツで、改革運動とハーバード大学の原点にも関係がありました。ハーバード大学が設立されたのは一六三六年ですが、この大学は最初から今日のような総合大学だったのではありません。むしろ、大学設立の最大の目的は会衆派の牧師の養成でした。ハーバード大学だけでなく、一七〇一年設立のイェール大学も同じく会衆派の牧師養成、一七四六年設立のプリンストン大学は長老派の牧師養成、一七六四年設立のブラウン大学はバプティスト派の牧師養成、一七六六年設立のラトガース大学はオランダ改革派の牧師養成を目的として始まっています。アメリカ東部の名門大学は、そもそもは神職者養成のための学校だったのです。なかでも興味深いのはダートマス大学で、一七六九年設立の同大学の主目的には、アメリカ先住民への宣教が含まれていました。

今、言及した名門大学のうち、ハーバード以外は一八世紀初頭から半ばにかけての設立ですね。つまりこの時代、マサチューセッツを中心とするアメリカ東部に次々と有力なカレッジが設立されていたのです。これらのカレッジ設立には、当時、ニューイングランドへの入植者が急激に増えており、人口激増の中で植民地の新住民を訓育する、より多くの牧師が必要とされていた事情がありました。その際、アメリカ社会が必要としていたのは、ヨーロッパ的な意味での神職ではありません。このあたりの神学校＝名門大学のリベラルアーツ教育とアメリカ社会における牧師の役割の関係を、森本あんりは明快に説明しています。

それによると、ニューイングランドは一七世紀から人口当たりの大学卒業者が非常に多い地域でした。これはもともと、ピューリタン入植者に英国の大学で学位を得た後に移住した者が多かったからですが、それら大卒者の大半は牧師職に就いていました。ニューイングランドの牧師職に高学歴層が多かったことは、やがてここニューイングランド内での大学設立を後押しします。結果的に、アメリカでは「ピューリタニズムは、教会や社会の実験であるばかりではなく、大学の実験」ともなっていくのです(森本あんり『アメリカ的理念の身体』)。

その際、アメリカの大学では「リベラルアーツ」と「神学」が、ヨーロッパの中世以来の大学とは異なる仕方で結びついていました。後者の場合、「神学」「法学」「医学」は「役に立つ」知として、「自由な」知であるリベラルアーツから区別されます。しかし新大陸でプロテスタンティズムを広める牧師に必要とされたのは、カトリック教会の神父たちのそれのような神学体系の知識ではなく、リベラルアーツ、つまり「自由な」知の精神と方法だったのです。というのも、「プロテスタント教会における聖職者像とは、特別に聖なる身分をもつ秘蹟の施行者ではなく、説教という手段によりこの人間形成の理念にしたがって一般信徒を教育する教育者」でした(同書)。そのため、アメリカの「神学校」は限りなく「リベラルアーツ・カレッジ」に近いものになっていきました。やがて、この基盤の上に専門知の「グラデュエート・スクール」を乗せることで、二〇世紀の大学の標準型が形成されていくのです。

このように人間形成の理念としてリベラルアーツが浸透していく世界は、高度に知性主義的な世界です。しかし一七世紀、イングランドだけでなくスコットランドやアイルランド、さらにはドイツからニューイングランドに次々に移民してきた庶民からすれば、そうした知性主義は彼らが新天地で抱える不安を癒してくれるものではありませんでした。こうして既存の教会の牧師による説教の外で、独立革命に向かうアメリカの運命を方向づける宗教潮流、リヴァイヴァリズム（大覚醒運動）が一七三〇年代以降に沸き起こっていきます。

リヴァイヴァリズムを主導したのは、ジョナサン・エドワーズとジョージ・ホイットフィールドという二人の宣教師です。エドワーズは若くしてイェール大学を主席で卒業したエリートで、この運動の思想をカルヴィニズム的な預定説の視点から体現し、運動の記録者ともなっていきました。他方、ホイットフィールドは満場の信徒の心を魅了する熱弁家で、今日に至るまでアメリカで増殖していく巡回説教師やメディア伝道師の原型をかたちづくります。

注目すべきは、この宗教覚醒運動が一八世紀アメリカで爆発的に広まるのを可能にしたメディア論的な背景です。この運動は、直接には東部諸州で新たな入植者が激増し、社会矛盾や抗争が以前よりも複雑なものになる中で広がりました。しかし同時に、運動のリーダーたち、とりわけホイットフィールドの影響力は、野外の演説会場（巡回説教師たちは、既存の教会堂から締め出されることが多かった）での演技力だけでなく、彼の説教や言動を新聞に報道させ、また大衆的印刷物として広く頒布していくプロパガンダ能力にも因っていました（同書）。

そして彼の説教を出版事業に結びつけ、大いに企業的利益を上げていたのが、かのベンジャミン・フランクリンでした。大覚醒運動は、印刷メディアの影響力が爆発的に広がる時代を利用した天才的インフルエンサーに活躍の場を与え、またそのパフォーマンスを利用するフランクリンのような「資本主義の精神」（マックス・ウェーバー）を勢いづかせてもいたのです。

アメリカン・ボードと海外への宣教

一八世紀のリヴァイヴァリズムからおよそ六〇年後、革命戦争の勝利でアメリカ合州国が誕生し、新大陸での西漸運動が本格化していく一七九〇年代から一八三〇年代にかけて、再び第二次リヴァイヴァリズムの運動が巻き起こります。この二度目の運動の主唱者になったのはチャールズ・フィニーという宣教師で、学歴は低く、たたき上げで弁護士になった人物でした。弁護士業の傍ら、聖書と接するなかで回心を経験し、徹底した聖書主義による覚醒運動を導いていくようになります。フィニーは強力な奴隷制廃止論者で、後に彼が学長となったオーバリン大学は、白人、黒人、女性の入学をアメリカで最初に実現した大学となりました。

このようにフィニーのリヴァイヴァリズムは第一次のそれよりもよりラディカルに聖書主義的なものでしたが、同時にこの第二次の運動を特徴づけていたのは野外での大集会でした。時には宗派を超えて数万人の信徒が集まる大集会が開催されており、この「伝統」は、今日ではアメリカ大統領選での巨大な野外集会などにつながっています。なぜ、最初は泡沫候補だったバラク・オバマが圧倒的な弁論力で聴衆を魅了し、大統領選で勝利したのか。なぜ、私たちをひどい混乱に陥れる嘘八百の大統領ドナルド・トランプにこれほどの支持が集まるのか。あえて申し上げれば、大統領選の際のあの巨大な野外集会が、多くのアメリカ人にとって政治的な「回心」の場になっているからだとは言えないでしょうか。ホイットフィールドから一九世紀のフィニーや二〇世紀初頭の大衆宣教師ビリー・サンデーを経て、今日のオバマやトランプまで、アメリカでは「回心」のための大集会が長い伝統になっている気がしてなりません。

しかし、一八世紀から一九世紀までのアメリカで二度にわたって渦巻いていったリヴァイヴァリズムの宗教的気運は、東部諸州での牧師養成のための大学設立からもわかるように、大衆的なレベルでの大集会の隆盛だけでなく、知的な若者たちも宣教に導いていました。信仰の覚醒という大きな気運の中で、各地で神学校や聖書協会、国内外への宣教団体、日曜学校や大学、教育機関の設立、禁酒運動団体や反奴隷制の運動組織の設立が相次いでいったのです。

そうしてここマサチューセッツでは、一八〇二年に設立されたマサチューセッツ協議会(General Association of Massachusetts Proper)に次いで、〇七年には宣教師の養成機関としてアンドーヴァー神学校が設立されます。さらに高揚するリヴァイヴァリズムを背景に、一八一〇年、ウィリアムズ・カレッジの卒業生たちが啓示からアメリカン・ボードを立ち上げ、これが一九世紀を通じてアメリカ最大の海外宣教組織に発展していくのです。

発足間もない一八一三年、ボードが最初に宣教師を送ったのはインドのムンバイ（当時はボンベイ）です。そこで宣教師たちがまず取り組んだのは初等教育でした。彼らは赴任してからわずか三、四年で二五校の学校を設立し、一二〇〇人の生徒を集めました。さらに宣教師たちは印刷所を設け、新約聖書のタミール語訳やキリスト教の書籍を出版していきました（塩野和夫『一九世紀アメリカンボードの宣教思想一八一〇―一八五〇』）。その後、ボードはスリランカやハワイ、中国、シンガポール、タイ、中東、アフリカにも宣教師を送ります。さらに、一九世紀末まで王国だったハワイでも、各地に学校を建て、キリスト教の出版物を刊行します。一八二八年までにハワイのキリスト教学校の生徒数は二万五〇〇〇人に達します。

他方、アメリカ国内でも、先住民への宣教は重要な使命でした。一八一七年、ボードはテネシー州イースト・ブレイナードに学校を建て、チェロキー族への宣教を開始します。その後も先住民への宣教は一八二〇年代末まで続きますが、アンドリュー・ジャクソン大統領が先住民を遠隔の保留地に強制移住させる「インディアン移住法」を制定すると関係が一変します。白人と先住民の関係は険悪となり、宣教どころではなくなってしまいました。

一八三〇年代末以降、ボードでは現地人宣教者の養成が重視されていきます。塩野和夫によれば、四一年のボードの報告には、「現地の青年たちは学校や神学校に集められ、教養と徹底した訓練、また聡明で信仰深い調和の取れたキリスト教徒の品性によって、彼らの国の人々のために、説教者、翻訳家、校長、そして出版の指導者になるため訓練されなければならない」と書かれていたそうです(同書)。この方針は、ボードの創設方針に沿うものですが、各々の現地からすれば、キリスト教宣教師となることが、自国での教育界のリーダーとなることと重なり始めたことを意味します。自国の文明が西洋文明を超えると信じていた中国や中東では、ボードの宣教は必ずしも成功しなかったようですが、ハワイはもちろん、やがて日本でも、彼らの宣教活動から現地の新しい教育界のリーダーが生まれてくる可能性があったのです。

アメリカン・ボードと新島襄の同志社、女子教育の展開

まさにこのタイミングで、太平洋のはるか西、中国大陸とアメリカ大陸の間を隔てる長い壁として存在していた日本が、キリスト教世界の視界に入ってきます。アメリカン・ボードからすれば、日本は未知の国でしたが、この地でもやがて彼らがインドやハワイで行ってきたのと同様のキリスト教学校の設立や新訳聖書の翻訳出版、宣教活動ができるはずでした。もしかするとこの未知の国から、彼らが待ち望んでいる現地人宣教者にぴったりの若者が現れるかもしれません。一八六〇年代から七〇年代にかけて、ボードが迷うことなく有力な宣教師を次々に日本に送り込んでいったのは、彼らからすれば当然の決定でした。そして、このような文脈の中で、日本人の多くが知る明治日本の教育界のリーダーたちが現れてくるのです。

幕末の日本人で、密航して最初にアメリカン・ボードの宣教師となり、明治日本の教育に大きな影響を及ぼしていくのは、同志社大学の創立者となる新島襄です。新島は、一八四三年に上州安中藩士の子として生まれ、黒船来航以来の動乱の中でアメリカへの密航を決意し、六四年に函館から上海経由で渡米しました。彼が着いたのはボストンで、六六年にアンドーヴァー神学校付属教会で洗礼を受け、六七年にマサチューセッツの名門ボーディングスクールだったフィリップス・アカデミーを卒業し、七〇年にはやはり名門のアマースト大学を卒業していま す。新島は、アメリカで本格的な高等教育を受けて学位を得た最初の日本人でした。

しかし彼が、渡米後ほどなくこれだけの高等教育を受けることができたのは、決して偶然の幸運からではなかったと思います。むしろ、新島のような「現地人宣教者」の有力な候補が現れてくれることを、ここマサチューセッツでアメリカン・ボードは待ち望んでいたのです。

新島はその後、初代駐米公使の森有礼や岩倉使節団で渡米した木戸孝允に出会っていきますが、すぐに日本に戻ることはせず、アメリカン・ボードの拠点だったアンドーヴァー神学校で学んでキリスト教宣教師になります。そして、日本にキリスト教大学を設立するという目的を胸に、一八七五年にアメリカン・ボードから派遣された宣教師として帰国するのです。つまり、武士として幕末に離日した新島は、維新後にキリスト教宣教師となって帰国したのです。その後、彼は元会津藩士で戊辰戦争では牢に繋がれながらもやがて京都府顧問となった山本覚馬とその妹八重と知り合い、三人は協力しながら同志社大学設立に向かっていきます。

覚馬と八重の物語は、日本ではNHKの大河ドラマ「八重の桜」で有名ですが、京都に同志社大学を作る活動には多くのアメリカン・ボードの宣教師が関与していました。まず、新島以前、一八六九年にマサチューセッツから来日していたのはボストン出身のダニエル・クロスビー・グリーンで、北軍兵士として従軍後、ダートマス大学を卒業してアメリカン・ボードに加わった宣教師でした。また、新島と最も深く協力し、彼の死後はその遺志を継ぐ後継者となっていったのも、アメリカン・ボードの宣教師ジェローム・ディーン・デイヴィスでした。彼も南北戦争に北軍義勇兵として従軍後、ベロイト大学、シカゴ神学校で学んで宣教師となり、一八七一年に来日、やがて同志社初の教員となり、実質的に同校の初期を支えました。

初期の同志社を学究面でリードしたのも、アメリカン・ボードの宣教師でした。影響力が大きかったのはドウェイト・ウィットニー・ラーネッドで、徳富蘇峰に大きな影響を与えます。彼は一八七三年にイェール大学大学院を修了し、二五歳にしてミズーリ州セーヤー大学で教え始めていました。その後、来日して新島襄を助け、草創期の同志社で神学、数学、物理学、天文学、ギリシア語、ラテン語から経済学、政治学までの講義を担当しました。著書のジャンルも聖書の注釈から経済学や政治学にまで及びます。一八七六年から一九二八年まで、半世紀にわたり同志社で教え、同大学の学長も務めています。ラーネッドの影響下で、蘇峰だけでなく、海老名弾正や小崎弘道のようなキリスト者から、安部磯雄のような社会運動家、浮田和民のような政治学者までが育ったのです。彼らをつないだのは、キリスト教の感化です。

他方、アメリカン・ボードは、近代日本の女子高等教育の基盤形成にも大きく関与しています。新島襄が自己形成を遂げたのはマサチューセッツですから、彼にはフェミニズム的な意識があり、それが会津戦争以来、戦士的な感覚を持ち続けたであろう八重との仲睦まじさを支えてもいたわけですが、同志社でもいち早く同志社女学校(現・同志社女子大学)を設立しています。また、アメリカン・ボードが派遣した女性宣教師たちによって創立されたのが神戸女学院でした。同校を創立したのは、アメリカン・ボード初の女性宣教師となったイライザ・タルカットとジュリア・ダッドレーです。どちらも若くして父母や妹と死別しており、家族の看病をし、やがて女性宣教師となることを決意してアメリカン・ボードの募集に応じて来日します。神戸で英語学校を開き、やがてそれが発展して神戸女学院となるのです。

さらに、アメリカン・ボードと関係が深かった女子教育の指導者に、日本女子大学を創立した成瀬仁蔵がいます。長州藩の下級武士の家に生まれた成瀬は、同じ長州藩士の子で前述のグリーンの影響で大阪の浪花公会の牧師となっていた澤山保羅《ぽうろ》と出会い、澤山が創立した梅花女学校校長となり、さらに日本女子大学を創立します。澤山も成瀬も、広い意味でアメリカン・ボードの影響圏内で自己形成を遂げ、明治日本の女子教育を導いていくのです。

そして、アメリカン・ボード以外にも、幕末にはアメリカから何人もの宣教師が来日していました。たとえば、前述のグリーンが横浜で新約聖書の日本語訳を出版する事業を共にしたジェームズ・カーティス・ヘボンとグイド・フルベッキはその代表です。ヘボンの名は、日本では「ヘボン式ローマ字」で有名ですが、彼はプリンストン大学とペンシルヴェニア大学医学部を卒業後、一八五九年に来日、横浜に居住し、日本初の和英辞典の編纂にも関わり、明治学院を創立した長老派の宣教師でした。フルベッキは、一八五九年に来日した聖公会の宣教師で、長崎時代から大隈重信と深い関係を保ち、大学南校(東京大学の前身)の教頭や明治政府の要職を歴任、明治日本の教育のみならず近代化政策に多大な影響を与えました。

これら以外にも、近代日本で発展する私立大学の多くが、幕末に来日したプロテスタント系各派宣教師の日本での布教を起源としています。ヘボンによる明治学院創立はすでに述べましたが、一八七四年に築地で立教学院が創立されたのも、フルベッキと同じ聖公会の宣教師として一八五九年に来日したチャニング・ウィリアムズによるものでした。また、一八七〇年代にその前身が設立された青山学院は、メソジスト監督教会の宣教師たちが創立した学校です。そして、同じメソジスト監督教会の宣教師が神戸で設立したのが関西学院で、同様の事例は日本各地に多数存在します。それらのほとんどが、幕末維新期にアメリカから来日したプロテスタント系宣教師が中心になって発展したものです。近代日本の私学高等教育は、そのきわめて重要な部分で、アメリカのプロテスタント系宣教師の活動を基盤としているのです。

熊本バンド、横浜バンド、札幌バンド

これらのプロテスタント系宣教師の活動は目覚ましいものでしたが、宣教師はアメリカだけから来ていたのではありません。イエズス会に代表されるようにヨーロッパからはカトリックの宣教師が、また聖ニコライに代表されるようにロシアからは東方正教会の宣教師が幕末維新期の日本にやって来て、キリスト教を広めていました。しかし、近代日本社会で最も大きな影響力を持つようになったのは、アメリカから来たプロテスタント系の宣教師や、彼らに影響された日本人知識人たちでした。そうした日本人たちのグループとして、これまでも「熊本バンド」「横浜バンド」「札幌バンド」という三つの系譜が注目されてきました。

これらの中でアメリカン・ボードと密接に結びついていたのは熊本バンドです。熊本バンドは維新直後、熊本洋学校に招かれたリロイ・ランシング・ジェーンズの影響下でキリスト教に帰依するようになった若者たちでした。徳富蘇峰や海老名弾正、横井時雄、小崎弘道、金森通倫（石破茂首相の曽祖父）などを主要メンバーとするグループで、多くが明治以降の日本のキリスト教会で中心的な役割を果たしていきます。彼らに大きな感化を与えたジェーンズは、妻の実家を通じてアメリカン・ボードと深いつながりがあり、やがて熊本洋学校が閉鎖されると学生

たちは同志社に移っていきました。同志社側からすれば、開校間もない困難な時代に、大いにクセのある九州人たちが集団で身を寄せてきたわけです。こうして熊本バンドの実質的な成長は、熊本よりも同志社でなされます。その同志社での活動の背景にいたのはアメリカン・ボードで、ボードの宣教師と維新後の若いサムライたちをつないでいたのが新島襄でした。

これに対して横浜バンドは、前述した長老派教会のヘボンの他、ジェームス・ハミルトン・バラやサミュエル・ロビンス・ブラウンといったオランダ改革派教会の宣教師たちの英語塾に集まっていた若者たちを中心に形成されていました。島田三郎、植村正久、押川方義、井深梶之助、本多庸一など、やがて牧師やジャーナリスト、政治家となる人々が含まれます。彼らは旧幕臣のほか、松山藩、会津藩、弘前藩などの佐幕派旧藩の子弟が中心でした。実際、幕末の宣教師が相手としたのは、農民や商人よりも、儒教倫理を身体化していた旧武士層の子弟が中心で、とりわけ戊辰戦争の敗者となった旧藩の子弟とは親和性がありました。

さらに札幌バンドは、一八七〇年代以降、札幌農学校(現・北海道大学)でウィリアム・スミス・クラーク教頭の影響によりキリスト教徒になった者たちです(第3講扉参照)。内村鑑三、新渡戸稲造、宮部金吾を主要なメンバーとし、後年の東京帝国大学を中核に戦後の南原繁や矢内原忠雄までつながる無教会派キリスト教の系譜です。クラークは自分も卒業したアマースト大学で化学を教えていたのですが、そこに留学生として新島襄が学んでおり、その縁で後に日本政府から招聘され、一八七六年に札幌農学校教頭に赴任します。当時、彼はマサチューセッツ農科大学の学長職にありましたが、一年間の予定で来日したのです。札幌農学校でクラークは、その人柄によって学生たちに大きな感化を与えます。彼が離日の際に語ったとされる「Boys, be ambitious(少年よ、大志を抱け)」という言葉は、誰もが知る名言となりました。

三つのバンドには違いもありますが、著しい共通点もあります。その最たるものが、バンドを構成した日本人の世代的共通性です。彼らのほとんどが、一八五〇年代半ばから六〇年代にかけて生まれた人々でした。つまり、一八三〇年代後半から四〇年代にかけて生まれた多感なサムライたちは幕末に革命家となったのですが、それより二〇年後に生まれた旧士族層は、物心がついた頃にはすでに明治維新が終わっており、新時代の中で徳川の世とはまったく異なる新たな価値軸を求めていたとき、キリスト教と出会ってそれを一生の価値軸としていったのです。ですから、後に新渡戸稲造が著書で示すように、彼らの内面には「武士道」的なエートスや国家観が、深いところでキリスト教と融合していたように思われます。キリスト教は、そのような徳川時代からの倫理観を、解体するというよりも継続させていきました。

神の絶対性の下での国民教育――森有礼

明治維新後、かつてのサムライたちの子弟にプロテスタンティズムは順調に浸透したように見えます。なぜ、プロテスタンティズムは明治日本の旧武士層の間で早期の成功を収めたのでしょうか。これには、プロテスタンティズムの禁欲主義と武士の儒教的禁欲倫理の相性の良さに加え、神とナショナリズムの間にある一筋縄ではいかない関係が絡んでいました。ローマに生身の教皇がいるカトリックとは異なり、プロテスタントには地理上の中心がなく、その信仰と国家への忠誠があからさまには対立しません。その可能性を早くから示したのは、初代文部大臣として、近代日本の教育制度の設計者となる森有礼とキリスト教の関係でした。

図 3-1　森有礼(左)とトーマス・レーク・ハリス(右)

森が薩摩藩士から明治国家の教育制度の設計者となる転換の原点となったのが、アメリカのスウェーデンボルク系コミューンの教祖だったトーマス・レーク・ハリスとの出会いです(図3-1)。一八六五年、森は薩摩藩主の命により、秘密裡に渡英する一五人の留学生の一人に選ばれます。黒船以降の時代では、国法を破っても西洋の知識を導入することが次の時代を制すると薩摩藩は理解していたわけです。留学生たちはロンドン大学ユニバーシティカレッジで聴講生として学んだ後、約半数は翌年に帰国します。しかし、森や長澤鼎など残り半数は英国に残り、そのうち六人は、少し前まで駐日英国公使館一等書記官で、当時は英国議会の議員にもなっていたローレンス・オリファントの勧誘で、渡米してハリスのコミューンに参加するのです。

実はこのオリファントは、イギリス帝国の植民地を中心に世界各地を渡り歩き、植民地文学を書いてきた作家でした。彼は、父親の仕事のために幼少期を南アフリカで、青年期をスリランカで過ごした後、ネパール、ロシア、トルコ、南アメリカ、中国を遍歴し、一八五八年、日英修好通商条約締結の際の英国側の一員として来日しました。日本に興味を持った彼は、そのまま英国公使館の一員として残ることにし、初代駐日総領事のラザフォード・オールコックが一等書記官に任命したのです。しかし、攘夷派浪士の襲撃(図3-2)で負傷して帰国することになり、帰国後のイギリスで、彼はハリスの宗教的影響を強く受けるようになっていました。

つまりオリファントは、エドワード・サイードの『文化と帝国主義』に登場してもおかしくないディアスポラ的作家で(アーネスト・サトウが日本に心惹かれるきっかけとなったのも、オリファントの日本訪問記であったとされます)、一九世紀のイギリス帝国では、そんな人物が極東の辺境に開設された公使館の書記官となることもあったのです。彼は、西洋近代文明に限界を感じていて、近代を超える価値への挑戦としてハリスの運動を支持していました。

一八六〇年代、オリファントの頭の中はハリスのコミューンのことでいっぱいでした。そして彼は、若く勤勉で公的なものへの忠誠心を漲《みなぎ》らせていた薩摩の若者たちがハリスの運動にとって有用な人材となると見込み、彼らを「オルグ」したのです。実際、この見込みは正しく、森と共に渡米した長澤は、森の帰国後もカリフォルニアに移住したコミューンに残り、ハリス自身がコミューンを去っても管理責任者としてワイン醸造事業を軌道に乗せます。彼は、今日、私たちになじみ深いカリフォルニア・ワインの生みの親となったのです。

図 3-2　攘夷派浪士によって高輪・東禅寺(英国公使館)でオリファントらが襲撃された様子を伝える *The Illustrated London News*(1861 年 10 月 12 日)

このようにして森有礼らは、精神的な純粋さが際立つ青年期、日本の未来のために尽くそうと思っていたところを、思わぬ偶然からアメリカの新興宗教に「オルグ」され、そこに入信してしまうのです。今日に至るまで、大学生になったばかりの若者が、大都市の大学で純真さから新興宗教のオルグに乗せられて入信してしまうケースは続きますが、やや似たことが初代文部大臣になる人物の青年期にもあったわけです。

その当の教祖のハリスは、もともとプロテスタント系のユニヴァーサリスト教会の宣教師だった人物です。彼は、プロテスタントの教義に飽き足らずに独立教会を設立し、一七世紀のスウェーデンの神秘思想家スウェーデンボルクの思想に傾倒していきます。そして一八五九年、ニューヨーク州に「新生兄弟会(The Brotherhood of the New Life)」という教団を設立します。一九世紀半ばのアメリカにおけるこの種の宗教的ラディカリズムは、これに先立つ時代のリヴァイヴァリズムの潮流にも影響されていたはずです。オリファントはハリスの影響から、この教団の立ち上げの頃に入信し、そこに若き薩摩藩士を呼び込んでいったのです。

ハリスの教団では、ハリスを「父」と仰ぎ、家族であっても同居が許されないという厳しい規律が貫徹する共同体生活と、長時間の農耕と無私で質素な生活が実践されていました。絶対的な家父長の下での質素で無私の生活は、幕末期の日本の武士層には比較的馴染み易いものだったはずです。幕末の動乱期を、そのような宗教コミューンで過ごしたことが、明治以降の日本で教育政策の中核を担った森の思想に大きな影響を及ぼしたと考えられています。

彼らが参加したハリスのコミューンは、一九六〇年代以降、全共闘運動に参加していた若者たちの一部が向かっていった自然農法志向のコミューン運動に通じています。つまりある意味で、明治日本の国家主義的教育体制を築いた張本人の原点は、それが戦後に民主化され、さらにその戦後民主主義的な体制にも異を唱えていった六〇年代末の活動家たちが向かっていった先と、一面で重なっていたのです。実際、森が明治国家の中枢にまで上りつめたのとは対照的に、仙台藩士の子で、戊辰戦争の敗者として生きる中で森に勧誘されてハリスのコミューンに参加した新井奥邃《おうすい》は、日本に帰国後も最後までキリスト者として生きることで、より端的に森の原点と一九六〇年代以降のコミューン運動との重なりを示しています。森と新井が、同じ原点から出発しながら、人生の終わりには対極的な位置に立っていたのは、両者の資質の違いという以上に、戊辰戦争の勝者と敗者の違いであったように私には思われます。

ハリスのコミューンでの経験と森の思想形成の関係を、原資料に基づく研究で明らかにしたのは教育学者の林竹二です。林は、渡英して西洋近代に直接触れた森の「変化はある意味で一層ラジカルであった。それは内面に及んだ。彼は「西洋文明」の根底に、東洋とは異質の人間観・倫理観が横たわっていることをかなり早い時期に予感」したと論じています。森はイギリス生活を通じ、「魂魄大いに変化して自分ながら驚く位」になっていました(林竹二『森有礼』)。そして彼は、日本の国家を作り変えるには、まず日本人自身の「自己を根底から新たにする」必要があるとの考えに至るのです。まさにそうしたときに、彼はハリスに出会います。その「ハリスのコロニーは、その中で人間が再生をとげる組織であると共に、神において再生した兄弟が、その任務に服しつつ、社会の再生のために働く拠点」でした(同書)。

ハリスのコミューンにおいて、信徒たちの「共同体は文字通りに「有機的な一体」であることを求められた。そのため、外部との交渉がきびしく規制されるのみでなく、個々のメンバーの「内的状態」が共同体にたいして悪い影響を及ぼすと判断されると、他の部分との接触を断たれた。甚だしい場合は、共同体からその人が排除される場合もあった」と言います(同書)。これほど厳しい絶対服従の生活を強いるコミューンで、明治維新が起ころうという瞬間、多いときには十数人の日本からイギリスに留学したはずの薩摩藩士や長州藩士の子弟たちが暮らしていたのです。彼らの宗教的熱情は、当然、まさに今、崩れようとしている徳川幕藩体制を新しい国家に転生させていく、その国家建設の熱情と一体でした。つまり彼らは、ハリスのコミューンの中に、これから建設すべき新生日本のモデルを見ていたのです。

しかし実は、キリスト教の宗教的熱情と国家建設のナショナリズムは一致しません。このことが露わになると、半数以上の藩士は教団から離れていきました。この分裂が起こるのは一八六八年春で、彼らにとって決定的に重要だった国家への忠誠を、ハリスがまるで問題にしていないことが明らかになったのが契機でした。神と国家は、キリスト教ではイコールにはなり得ません。これは、幕末日本の志士には受け入れがたいことでした。林によれば、コミューンで「妻や、子に対する愛情が私愛として否定されることに日本の武士たちは殆んど抵抗を感じなかったかもしれない」けれども、「神以上に国を愛することが明白に否定されるべき私愛と断じられたことで、新生社に止まってその理想に献身することがもはや不可能と感ずる心の状態が、日本人の多くのものの中で動かないものになった」のです(同書)。

ところが、森有礼はそれでもハリスのもとに残りました。森にとって、ハリスのコミューンでの出来事は、幕府崩壊後の日本のモデルを求めるという以上の何かでした。森がコミューンを去って日本に帰ることにしたのは、彼自身の意志というよりも、ハリスが森と鮫島尚信(後年、明治政府の在仏特命全権公使となるがパリで客死)の二人を「進んだ日本人」として選んで日本に送り込むことにしたからです。国家が絶対的な価値の基軸である点では、コミューンに残った森と去った他の薩摩藩士たちは同じでしたが、コミューンでの経験をどの抽象性の水準で捉えるかにおいて森は特異で、単純に国家か神かというよりも、そうした絶対的な価値への信仰こそが近代的な主体の構築に不可欠だと考えるようになっていたのです。

ですから森は、ハリスとの関係を絶って帰国したのではなく、コミューンでの学びの延長線上で、明治日本の教育を構想したのです。一八六八年六月、森が帰国すると、すでに江戸城は明け渡されており、薩摩長州軍が俄仕立ての国造りを始めていました。薩摩藩士の森はすぐにその渦中に巻き込まれますが、すでに彼の関心は、明治国家の教育にあったと思われます。一八七一年、代理公使としてワシントンの日本公使館に赴任する頃、彼は教育こそが日本の将来を決定すると確信していました。翌年、彼はアメリカの教育関係者に日本の教育の未来についての意見を聞き、その結果を『日本の教育』という英文の著書にまとめます。そうして森は、代理公使を自ら辞して帰国するのですが、林竹二は、すでに森がこの頃から文部省に入り、日本の教育の骨格を自ら構築する意欲を持っていたと推論しています(同書)。

森は、国民と国家を同時に可能にする装置として教育を捉えていました。この観点からすれば、ハリスのコミューンで体得された共同体への自己犠牲の精神は、やがて現世化されて国家=共同体の水準へと投影され、神=天皇のカリスマによって実現される政治共同体たる国民国家への自己犠牲の精神へと置換されていきます。彼は、日本人の自己改造、すなわち国民の創造が、「神」としての天皇への絶対的服従を通じてこそ達成されると考えたのです。

こうした森の思考は、まさしくミッシェル・フーコー的な意味での規律訓練装置へのこだわりとして、廃刀論から兵式体操論まで貫かれています。森は、元田永孚《ながざね》のようなイデオロギーの注入ではなく、あくまで身体的実践としてコミューン=ネーションを立ち上げようとしていました。彼の脳裏には、「維新という政治的な変革を補足するものとして社会的な変革、人間の意識や気質や体格をもふくめて、それを根底からつくりかえる課題」が浮上し、この課題は「はげしい労働とハリスへの絶対服従を通して徹底した自己のつくりかえが追求され、そして神において再生したものの共同体の生活の中に人類の現実の救いが成就」するはずのコミューンでの身体調教を、明治日本の学校で実現させる試みとなったのです(同書)。

ですから、後に初代文部大臣となった森にとって、学校は将来の日本を担うべき児童が自らの身体を国家の主体＝臣民に相応しいそれへと調教していく場である点で、ハリスのコミューンの延長線上にありました。森の人生は薩摩藩士として渡英してから、文部卿として暗殺されるまで驚くほど一貫しており、彼の絶対的な国家主義は、彼が原点としたキリスト教的コミューンでの「自由」の観念の、逆説的ではあるが論理必然的でもある帰結だったのです。

内村鑑三――拝金主義と人種差別

しかし、これまで見た森のキリスト教経験はかなり異端で、主流は新島のようなアメリカン・ボード直系から多数の私学高等教育機関の設立に向かう流れでした。他方、明治末以降の流れには、札幌バンドから出て旧制第一高校と東京帝国大学のエリートたちに深く根を張っていくもう一つのプロテスタンティズムと教育との結びつきがありました。

この流れを主導した内村鑑三や、その弟子の南原繁や矢内原忠雄の場合もまた、森有礼の思考とは異なる仕方ですが、プロテスタンティズム的＝聖書主義的な神への信仰の先にあったのは、「日本」という国家の近代＝ナショナリズムでした。この「キリスト教の神」(Jesus)と「日本という国家」(Japan)の重なりは、「ふたつのJ」と呼ばれることがあります。カトリック教会ならば、「神」の代理人であるローマ教皇は、制度的に国家の外にいますから、この同一化はあまり起きません。これに対してプロテスタンティズムの場合、神は聖書を通じて個々人の内面で発見されるので、一人ひとりの信徒の内面で「神」が「国家」に重ねられていくことが可能なのです。この心理機制には、森有礼のように身体的な規律訓練が軸になることもありましたが、内村のように、より深い内面で神と国家が結ばれていく場合もありました。

しかし、森と内村のアメリカ体験には、ある決定的な違いがあったように思います。そのことが、二人のその後の国家との関係に、多少の影響を及ぼしたかもしれません。一八六〇年代に、薩摩藩のエリート藩士としてまだ日本人がほとんどいなかったアメリカに来て、しかもハリスの宗教的コミューン以外の社会と接することがわずかにしかなかった、つまりコミューンで純粋培養された森と、その約二〇年後、すでに中国人に代わる新たな低賃金労働力として日本人のアメリカへの移民が始まっていた時代に私費で渡米し、アメリカ社会の様々な暗部を目の当たりにした内村では、彼ら自身の「アメリカ」像がまるで違っていました。

もともと内村のアメリカ体験記ともいえる『余は如何にして基督信徒となりし乎』(*How I Became a Christian: Out of my Diary*)は、一八九三年に英語で書き上げられた本で、内村はアメリカの出版社からの出版に努力していました。しかし、まだ無名の日本人の本を出してくれる出版社はなく、やむなく彼は日本の警醒社から英文で出版します。九五年に出版されたその本は「不恰好な日本風の体裁」で、原稿料も貧弱、批評も芳しくなかったことに内村は落胆します。その後、同書は題名を *DIARY OF A JAPANESE CONVERT*(図3-3)と変えてシカゴの出版社から出されますが、売り上げは芳しくなく、初版わずか五〇〇部で絶版になりました。
ところがそれから約一〇年後、同書にドイツの出版社が目をつけます。ドイツ語版が出たのは一九〇四年、これがドイツ国内で評判となり、版を重ねます。さらに、日露戦争を通じた日本への関心の高まりを背景に、同書は北欧諸国で次々に訳されて好評を得ていくのです。つまり、アメリカ社会の非倫理性への日本人キリスト教徒からの厳しい批判を多く含んでいた同書に対し、内村の希望に反して当のアメリカ人たちはまったく反応しなかったのですが、やがてヨーロッパがこの批判に共鳴していくのです。後年、内村への国際的評価はアメリカにも逆輸入されますが、アメリカのプロテスタント社会に従順だった新島襄とは異なり、いわばアメリカへの反逆児だった内村を、アメリカ社会はすぐには受け入れていません。

実際、内村のこの本は、彼の滞米経験を日記風に語りながら、アメリカ社会がいかに非キリスト教的（＝非倫理的）であるかを繰り返し批判しています。もともと内村鑑三にとって、アメリカは「自由の聖地」で、彼は「すべて高貴なもの、有用なもの、向上的なものを英語という

図3-3 *DIARY OF A JAPANESE CONVERT*

運搬車を通して」学び、「基督教文明の優越性」を信じて渡米します(内村鑑三『余は如何にして基督信徒となりし乎』)。ところが実際にアメリカで暮らすうちに、この「高潔」なアメリカ像は、木っ端みじんに崩壊します。ですから彼は帰国を前に、三年半のアメリカ滞在は、「それが余に与えた最善の厚遇と余がそこで結んだ最も親密な友情とをもってしても、余を全くそれに同化せしめなかった。余は終始一異邦人であった」と言い切るのです(同書)。

内村がまず直面したのは、アメリカ社会の拝金主義でした。彼は渡米前から、アメリカでは金銭がすべてで、「全能のドル」が崇拝されていると聞かされていましたが、実感はありませんでした。しかしアメリカ生活が長引く中で、彼は様々な場面に直面し、この国の人々の頭にある尺度が徹底して金銭的なことを理解するのです。この拝金主義は、私的財産への異様なこだわりと表裏でした。ですから彼は、アメリカ人ほど「鍵を広く用いるのを見たことがない」と呟きます。日本では、家屋は「大概は誰にでも明け放し」で、「召使や隣人にはいやしくも我々の所有物を犯す心配は感じられない」のに対し、アメリカでは「金庫や鞄に鍵がかかっているばかりではない。あらゆる種類のドアと窓と、箪笥、引出し、氷箱、砂糖壺、一切」に鍵がかかっていました。それは、「あたかも盗みの霊が空間のすべての立方インチに滲透しているかのよう」で、人々は四六時中、自分の財産を防衛し続けているのです(同書)。

内村がアメリカで経験したより深刻な現実は人種差別です。彼の目から見て、アメリカ人の感情は「インディアン人とアフリカ人に対して強烈で非基督教的」でした。そこでは、「幾多の残酷非道な方法によってその土地を奪取された森林の銅色人種は、依然として一般人には野牛やロッキー山の羊より以上のものとはみなされず、野獣のように罠に掛けられ狩猟」されているのです。他方、中国人の子らに「対して彼らがいだく偏見・嫌悪・反感は我々異教国のものがかつて類例を見たことのない」ほど残酷でした（同書）。このような「人民の間に依然として存在している強い人種的偏見」のために、内村にはアメリカがキリスト教の理念から乖離した野蛮な異教国に見えたのです。内村は、これら拝金主義と人種差別を筆頭に、賭博や拳闘への熱狂、大規模なラム酒取引、政治的デマゴギー、資本家の圧制、貧富の格差などのアメリカの実態を次々に批判していきます。結局、世紀末のアメリカを覆っていたのは、キリスト教的な高潔さどころか、差別だらけの現実と混乱、狂気と刑務所、膨大な貧困層でした。

アメリカの人種差別に対する内村の批判でとりわけ舌鋒鋭かったのは、キリスト教徒が開く大集会で、「サーカス興行師が馴らした犀を使うように」先住民や異教徒が改宗の見本として見世物にされることへの批判でした。内村は、「余は土民服をきた一ヒンドゥー青年をしてトプレディ（英国の讃美歌作者トプレディの歌詞に米国人のトーマス・ヘイスティングスが曲をつけた人気曲）を彼自身のパーリ語で歌わせて集めた寄附金を、馴らされたオランウータンをショーにして集めた金を評価する以上に評価しない」と、激烈に告発します（同書）。

時は一九世紀末、万国博覧会の全盛期で、アメリカの博覧会場では、しばしば植民地から連れてこられた部族民やアメリカ先住民が、文明化されるべき未開人種として柵で囲われて生きた展示品にさせられていました。内村は、キリスト教の宣教集会にも、同様の人種差別があると見抜くのです。当時、辺境の部族民には、そうしたショーの出し物として渡り歩く人々もいました。内村は我慢がならないという口調で、「見られて甘やかされることの好きな犀どもは喜んでこれらの人々の命令に従い、はなはだ見苦しい態度で、どうして自分たちが動物であることをやめて人間のように生き始めたかを物語る」と述べています(同書)。

内村は、札幌農学校時代はメソジスト監督教会で洗礼を受けるも、敬愛した宣教師メリマン・コルバート・ハリス(もう一人のハリス)が去って後任者が来るとソリが合わずに教会を独立させ、アメリカから帰国後は無教会派キリスト教に向かいます。彼は、アメリカのプロテスタント教会と調和的な関係を保った宗教者ではありません。それでも彼が信仰を確立させるプロセスは、すでに述べたプロテスタント系宣教師のネットワークの影響なしには考えられないことも事実です。農学校時代、内村や盟友の新渡戸稲造や宮部金吾に洗礼を施したもう一人のハリスは、日本から去りアメリカ西海岸で宣教活動をしていた際も、命がけで日系コミュニティを擁護したことで知られる親日家でした。彼は、日本を去ることになったクラークの頼みで札幌農学校と関わるようになり、そこで内村や新渡戸、宮部らと出会ったのです。

そして、私費での渡米のため困窮していた内村を救ったのもハリスの妻、やはり後に日本のミッション系女子教育に貢献することになるフローラ・ハリスで、やがて内村はマサチューセッツに移り、アマースト大学の選科に入ります。このアマースト大学は、かつて新島襄が卒業した大学です。この一致は偶然ではなく、内村は新島に相談して、アマースト大学に入ることを決めていいます。内村がアメリカで苦闘の日々を送っていた時期、新島はもう晩年でした。しかし、たまたま新島も滞米中だったとき、内村は自分の進学先を新島に相談し、新島が自分の母校であるアマースト大学を推薦したのです。この新島の紹介により、内村は、当時アマースト大学の学長をしていたジュリアス・ホーリー・シーリーと面談しています。

シーリーはその約二〇年前、新島を迎え入れていました。だからこそ彼は内村に対し、かつて「貴君の国人の一人の一基督信徒が、一夜を余の屋根の下で過した、私は「異邦人が福音を聞いた」という事実の厳粛さに捉えられて、夜じゅう眠ることができなかった」と語ったと書かれているのです(同書)。新島もシーリーから多大な影響を受けたようですが、内村のシーリーへの帰依も相当でした。彼は繰り返しその信仰におけるシーリーの影響を語ります。それによれば、シーリーは「その言葉と行為とによって余に教えてくれた。余は告白する、サタンの余を支配する勢力は余がかの人と接触するにいたっていらい弱まり始めたことを。徐々に余は余の原始の罪と派生した罪とを払い清められた。……彼に依り頼んで余は永遠の愛から遠ざけられていないことを、今や知る」と述懐しています(同書)。

内村はしかし、一点において新島以来、このアメリカのプロテスタント系宣教のネットワークに乗っていった人々と異なっていました。彼は、おそらくはその熱情的な頑固さから、アメリカのキリスト教のまやかしや限界、つまり「アメリカ」と「キリスト教」が実は対応していないことを見据えていたのです。新島や多くのミッション系の学校教育の創立者たちは、アメリカからやって来た宣教師たちと協力し、両者に根本的な齟齬はありませんでした。森有礼はまったく別の系統でアメリカのプロテスタンティズムが内包する身体技術論を明治国家の国民教化に転用しました。どちらの場合も、「アメリカ」の非キリスト教性を名指してはいません。しかし内村は、彼と敵対した日本女子大創立者の成瀬仁蔵がいみじくも評したように「他人と事業の出来ぬ」人であったため、結果的に「アメリカ」の非倫理性を正面から問うたのです。そしてこの内村の問いは、一方では「ふたつのJ」が共振することで、限りなく昭和日本のナショナリズムに融合もしましたが、他方で一九六〇年代末、ナショナリズムのみならず戦後日本のアメリカニズムをも問い返すまなざしの萌芽ともなっていったのでした。

第4講

反転するアメリカニズム

――モダンガールとスクリーン上の自己

銀座通りをゆくモダンガール

今や、アメリカ的でない日本がどこにあるか

一九世紀半ばから後半にかけて、捕鯨船や「黒船」、宣教師たちの活動を通じ、中国大陸の東方沖に浮かぶ、また太平洋の西端にも連なる日本列島の人々は、それ以前から北米大陸を西漸し、西太平洋へも広がってきたアメリカと接触し、その影響圏に入ります。この影響が日本人の個々の生活のレベルで本格化するのは第一次世界大戦後、ヨーロッパの帝国主義が極限に達して自壊したため、経済力でアメリカが世界の主導権を握るようになってからです。今やアメリカの覇権は、北米大陸も太平洋も越えて広がり始めていたのです。この頃になると、とりわけ大阪や東京をはじめとする都会に住む多くの日本人やメディア産業が、こぞってアメリカを新しい自分たちのアイデンティティの依代《よりしろ》として希求するようになっていました。つまりアメリカは、単純に海の彼方からやって来た大いなる異国(=「黒船」)や新しい宗教(=キリスト教文明)という以上に、自分たちの日常や自己意識の一部となり始めるのです。

ですから、一九二九年に刊行された『アメリカ』という本で評論家の室伏高信《むろふせこうしん》は、今や「アメリカ的でない日本がどこにあるか。アメリカを離れて日本が存在するか。アメリカ的でない生活がわれわれのどこに残っているか。私は断言する。アメリカが世界であるばかりではない。

今日は日本もまたアメリカのほかの何ものでもなくなった」と語ったのです。つまり、日本人はまるでアメリカ人のように振る舞い、思考し、自分を位置づけ始めているというわけです。

室伏はさらに、今日、アメリカはその文明を「ラテン・アメリカや日本や支那や、印度やに対してばかりではなしに、英国にも、独逸にも、フランスにも、若しくは共産主義のロシヤにも、永久の都の羅馬にも」輸出していると述べました。室伏によれば、現代世界では「アメリカの弗《ドル》が世界を支配しているばかりではない。アメリカ文明——弗《ドル》から出発したアメリカ文明、然りダラア・シビライゼエションが世界を支配する」のです（室伏高信『アメリカ』）。

室伏だけではありません。一九二〇年代の日本では、多くの評論家がこぞって「アメリカ時代」を論じます。たとえば、新居格《にいいたる》はやはり一九二九年、今や世界が「国々の色と匂いと響きとが国際的溶解を迅速にする世紀」に入り、アメリカニズムがこうした「カクテル時代」を席巻していると述べました。日本でもジャズが若い世代の心を捉え、ハリウッド映画はほぼ無制限に流入し、髪形から化粧、服装に至るまで、若者たちは映画の世界を模倣しています。アメリカ風のビルに通勤し、日曜の昼間は野球見物かドライブをし、夜はダンスホールでジャズを踊るか映画館ですごすのが、この時代の最も都会的な生活様式となっています。こう述べる新居は、アメリカニズムの生活や風俗における流行が、思想におけるロシアニズムの流行と並行していると論じました。すなわち、日本では「ロシア風のイデオロギーを考えながら、アメリカ風の趣味性を持つものが少なく」ないのです(新居格「アメリカニズムとルシアニズムの交流」)。

同じ頃、大宅壮一は、同時代の急速なアメリカ化が東京よりも大阪で進んでいることに注目しました。彼は、大阪は「日本のアメリカ」だと論じます。明治時代、日本の近代化は東京のエリートに主導されましたが、そうして発達した東京文化は西欧の模倣でした。当時、「アメリカはアングロ・サクソン系の植民地であり、ロシヤはアジアにまたがる半未開国であり、それらは日本と同程度の、もしくはそれ以下の文化的水準の上に立っている国々」(大宅壮一「大阪文化の日本征服」)と見なされていたと、大宅は誇張します。ところが第一次大戦後、アメリカは「その計るべからざる資力と、映画その他の宣伝的威力によって、まず戦争のためにはなはだしく疲弊せる文化的祖国ヨーロッパを風靡し、さらに東洋諸国を、全世界を征服しつつある」のです(同論文)。大宅は、こうして擡頭するアメリカに対応するのが大阪だとします。彼は、支配的だった西欧が精彩を失うとき、その模写の東京も衰微し、これに代わって日本を征服しつつあるのは大阪で繁栄している生活中心のアメリカ文化なのだと論じたのです。

しかし、大宅が予言した大阪の東京に対する優越は一時的なもので、関東大震災から「復興」した東京は、それまで以上に「アメリカ」を深く受け入れていきます。その舞台となったのは銀座でした。もともと明治政府によって文明開化のモデルとして建設された銀座は、ヴィクトリア朝期のイギリスの大通りを模したものでしたし、震災前、ここに開店した「プランタン」などのカフェや「資生堂」のような商店はフランス趣味を前面に出していました。

ところが震災後、銀座は一気にアメリカニズムに席巻されます。一九三一年に刊行された『銀座細見』で安藤更生は、「今日の銀座に君臨しているものはアメリカニズムである。まずそこのペーヴメントを踏む男女を見るがいい。彼らの扮装は、彼らの姿態は、いずれもアメリカ映画からの模倣以外に何があるか。……今日銀座のレストランに最も多いのはフランス料理に非ずして、水を以て葡萄酒に代えるアメリカ風ランチである。至るところのカフエに鳴る音楽はアメリカ好みのジャズである。……銀座におけるフランス趣味は、今やそれが一片の過去への追懐の情に止り、……これに代るものは大資本と、スピードと映画のアメリカニズムだ。日本人の多くは、今やアメリカを通じてのみ世界を理解」すると語りました（安藤更生『銀座細見』）。

安藤更生の描写にあるように、震災から「復興」した東京は、この時代のアメリカ文化が目にみえる仕方で展開する象徴的舞台でした。一九二九年に刊行された今和次郎の『新版大東京案内』でも、一五年前まで「三菱ケ原」と呼ばれる「雑草ぼうぼうたる原」にすぎなかった丸の内一帯が「新メトロポリスとしての光景」を誇り、「建築の四角い山岳が、群る自動車、馳る自動車が、そして整然とした舗道街が」来訪者を圧倒する様子が描かれています。新しい東京では、自動車、道路、ビルディング、デパート、カフェなどが、一種の巨大な機械装置をなし、人々は「組み立てられている機械の歯車の一つに相当する生き方を、感覚に於いても認識に於いても」していかなければならないと言うのです(今和次郎『新版大東京案内』)。

浮上するモダンガールと職業婦人

第一次世界大戦後の日本でのアメリカ文化の浸透を象徴的に示したのは、モダンガールのイメージでした。一九二〇年代、勃興する銀座のイメージと重なりながら、モダンガールは時代の象徴として雑誌や小説、広告、映画、流行歌などで盛んに語られていきます(第4講扉参照)。それらの議論では、モダンガールを頽廃《たいはい》した資本主義が生み出す徒花《あだばな》とするか、それともそこに明るさと合理的な行動様式、解放された性を見出すかという対立が見られました。たとえば新居格は、モダンガールの特徴として、自由であること、物事をはっきり言葉にも行動にも表現すること、思想的には虚無的で、刹那的な行動に走ることとの三点を挙げ、彼女たちを「古い時代が新しい時代へ創造的進化をなしつつあるその無意識的先駆」として評価しました。

このような一九二〇年代のモダンガールに対するアンヴィヴァレントなまなざしを凝縮的に表現していたのが、谷崎潤一郎の『痴人の愛』です。主人公の譲治(=ジョージ)と「メリー・ピクフォードに似ている」ナオミは、新居に大森の洋館を借り、壁にはアメリカの映画女優の写真を吊るしていきます。そして、この「お伽噺の家」を舞台にハリウッド映画の様々な場面の真似事を演じていくのですが、やがてナオミはそうした幻想を現実へ移行させ、自己をより徹底的に商品化させていくことで、譲治の中途半端な西洋志向に優越する立場を獲得してしまうのです。谷崎のこの小説は、ナオミの娼婦的なイメージの中に表象されたモダンガールの商品性(消費の対象としての女性)が、アメリカに媒介されることで日本人の男性性に優越する立場を獲得してしまうことを鋭く捉えていました。それにもかかわらず、ナオミは譲治に経済的に依存し続け、都会の男たちにとっては性的な欲望の対象でしかないのです。

ナオミはこの時代のモダンガールの一方の極ですが、他方には、そうした消費的モダニティとは異なる、職業婦人としてのモダンガールがいました。日露戦争後、官庁や企業で女子採用が拡大します。女性交換手は一九〇一年以降に激増し、やがて三〇〇〇人を超えます。日本銀行の女子従業員も一〇年には三一四人を数え、鉄道省も二四四〇人の女性が働く職場となりました(柳田国男編『明治文化史 風俗編』)。震災後、この動きはますます拡大し、丸ビルに勤める商社員四五〇〇人の内、女子事務員は七〇〇人に達し、周辺企業も加えると一〇〇〇人を超える女性が丸の内で働いていました。小学校教師や事務員、電話交換手から車掌、タイピスト、美容師、アナウンサー、店員などの職業の女性が、都会風景の一部となったのです。

この時代、大都会でのモダンガールを職業的に下支えしたのは、この事務員や店員、交換手などです。松田慎三は、百貨店業界においては昭和初期に店員の女性化が急速に進み、従業員数が正確に判明している五五店で、女性店員の数は一九三五年には五〇％を超えたと述べています。松田はさらに、三一年に行われた東京市の調査に基づき、百貨店の女性店員の学歴にも言及しています。それによれば、最も数が多いのは高等小学校卒の四五％で、高等女学校卒及び専検合格者も二六％含まれていました（松田慎三『デパートメントストア新訂版』）。また、東京府職業紹介所で扱った浅草松屋、美松、白木屋に求職した女性の家庭の職業は、公務自由業関係が最多で二九％、次の多いのが商業関係の従事者で二八％でした。つまり、昭和初期に事務員や百貨店の店員、交換手などになった女性たちは、下級公務員や小商店など、都市中産階級の下層に属する家庭の出身者たちだったと想定できます。

彼女たちは、結婚までの短い期間、半ば花嫁修行として百貨店店員などの職業に就いていたと考えられます。前述の調査に先立つ東京市社会局の調査でも、女性店員の九二％が未婚です。就業年限も短く、一年未満しか勤めていない者が二六・八％、一年以上二年未満が一六・一％、二年以上三年未満が二五・六％、合わせて三年未満までの者が約七割を占めていました（東京市社会局『職業婦人に関する調査』）。事務員や交換手の場合、店員よりも多少は年齢層も高く就業年限も長くなりますが、傾向は同じです。

これらのことは、彼女たちのキャリア的限界と結びついていました。百貨店女性店員の場合、昭和になって数の上では男性店員を凌駕するものの、彼女たちの売場には偏りがありました。

松田によれば、一九三六年の三越ですら、女性店員で「仕入部に従事する者は殆ど無く、販売部に於ても商品知識を多分に要する家具、貴金属、美術品売場に少く、機械的労作にて事足るマーケットに多い」状態でした（松田、前掲書）。つまり、数の上では女性店員は百貨店の多数派となっていくのですが、それでも彼女たちの位置は周縁的だったのです。

ショップ・ガールたちの両義的身体

こうして大都会で職業婦人が擡頭してくると、あるセクシュアリティの文化政治が作動していきます。たとえば、日本で初めて女性車掌を採用したのは、一九一九年から東京市内で運行を開始した東京市街自動車会社の路線で、「青バス」と呼ばれました。震災後、東京市の市バスも女性車掌を採用します。一九二四年、選考に合格した一七七人のうち、一〇九人は一八、一九歳の若い女性でした。東京市は三越意匠部に依頼して紺サージのワンピースに真紅の襟の制服を製作、黒のワンピースに白襟だった青バスの女性車掌に対抗させます。村上信彦は、女性車掌の採用は、単に運転手の女房役という理由だけからではなかったと言います。顧客戦略として、女性車掌が提供するある種のサービスが重要でした。それが、新しい時代の「女らしさ」「性的魅力」でした。大正期の職業婦人は、「都会的な魅力を持つ女」として、新時代にふさわしいサービスの提供を求められていたのです（村上信彦『大正期の職業婦人』）。

同様の例は、他にもあります。たとえば、映画館には切符窓口嬢の他に、暗い館内で客席まで観客を導く案内嬢がいましたが、館主は、彼女たちが客の手を引くサービス、つまり「若い娘に手を握られるという得難い感触がいかに客をよろこばせるかを知って」いました。あるいは自動車の普及とともに街角にガソリンスタンドが現れたとき、女性の売り子が話題を呼んだのも似た理由からでした。村上によれば、「今日から見れば問題にもならぬようなこうした視覚や聴覚や接触のよろこびは、たしかに当時の乗客の心をみたした」のです(同書)。

そして震災後、大東京の盛り場に林立していった百貨店で、顧客たちの視線を集めていった女性店員たちにも、同様の文化政治が作動していました。そのようなセクシュアリティの文化政治を論じたものとして、北澤秀一のショップ・ガール論があります。北澤は、家庭から社会に出て働いている若い女性の中で、近頃最も人目につくのはデパートなどの大商店で働くショップ・ガールであると述べます。たしかに、三越や白木屋は以前から若い娘を店員に採用していましたが、「東京では一昨年の大震災を機会として、外へ出て働く女性が著しく増加し、ショップ・ガールの数が俄かに増へ」ました(北澤秀一「ショップ・ガール」)。

彼女たちを、単に「女店員」とか「売子」と呼ぶのは相応しくありません。彼女たちは、独特の近代性を帯び始めていました。そこで北澤は、「女店員だの売子だの平凡な名詞で呼ぶよりは、外国語でハイカラに呼ぶ方が、彼等の持っている近代的な気が、もっとはっきり出てくる」と考え、彼女たちを「ショップ・ガール」と呼んだのです。「ショップ・ガールは、兎に角日本では極めて新しい出現であり、一種の特色を持った階級である。彼等の携わっている仕事それ自身は、必ずしも新しいものではない。然し最近その数が増加すると共に、だんだん彼等の容姿が美しくなり、全体を通じてショップ・ガール特有の表現を」持ち始めました。

北澤はさらに、こうしたショップ・ガールの存在が、今日では「文明国に於ける大都市の都会的条件」となりつつあると論じました。彼女たちの群れは、「その数に於いて、その清新さに於いて、それから何処の店へ行っても見られる店に於いて、数の少ない女優やコーラスガールを正に圧倒しつつ」あります。北澤は、「ショップ・ガールは夜になるとみんな町に出て稼ぐそうじゃないか」という話がよく囁かれることにふれ、これは根拠のない偏見であると確認した上で、ショップ・ガールがいまやカフェの女給以上に大都会の青年たちの欲望のまなざしの対象となっていると述べます。女給がサービス自体を売っているのに対し、ショップ・ガールは商品の販売を彼女たちの女性性に結びつけています。ショップ・ガールのエロティシズムは、デパートのショーウィンドーに飾られる煌びやかな商品との間に記号論的に隠喩の関係を結んでいて、このことが彼女たちを突出して「モダン」な存在に見せていくのです。

当時の大都市で、これらの女性店員をも圧倒してモダンガールの先端を演じていたのが女給です。百貨店の女性店員は下層中産階級の出身者が多かったのに対し、女給は労働者階級の出身者が多く、しかも地方出身者が大きな割合を占めていましたから、その社会的位置はさらに周縁的でした。ミリアム・シルバーバーグは、この女給に焦点を当て、彼女たちが「エロティック」になっていく過程を「労働者階級の女性の労働環境社会史」として描いていく必要を強調しました。女給たちの性的な身体は、単純にファシズム期の国家に対する「退廃的で不道徳な挑戦」や逸脱なのではなく、まさしくそれらが組み込まれていた支配関係の中で「ブルースを歌って」いた、つまりその支配的関係をずらしたり、反転させたりしていたというのがシルバーバーグの慧眼でした。昭和初期のカフェで「男性客は自分たちを誘惑するように仕向けられた女たちを誘惑し、男も女も結果的にはエロティックそのものを意識」していた。だからこそカフェは、まさに資本主義化された性的関係を再生産する装置として機能していたのですが、しかしこの種の「エロティックな女性労働者とその客の間の「共謀」は、女給の主体性と自立の表現」でもあったのです(シルバーバーグ「日本の女給はブルースを歌った」)。

同様の文脈で、バーバラ・ハミル・佐藤は、「変化に富むモダンガールのイメージが、いかに近代の、さまざまな立場にある、あまり豊かでない消費者の日常的消費実践と関わってきたのか」を検証しています。彼女が注目したのは、「生活をやりくりするために内職することを余儀なくされた主婦から、個人の家庭で使われていた女中、会社の掃除婦、バスガール、劇場の座席案内係と映画館の切符切り、喫茶店のウェイトレス」等々、下層中産階級と労働者階級の女性たちです。そんな「あまり豊かでない」けれども、熱心に「モダンなるもの」を採り入れようとする女性たちの日常実践が、戦前期日本に広範に存在したのです。彼女たちのまなざしは、一貫してメディアに描かれた「エキゾチックな他者」としての西洋に向けられ続けました。つまり彼女たちは、西洋中心の植民地的近代の文脈のもとで、その枠組みを受け入れつつ、「みずからを再定義」していたのです（バーバラ・H・佐藤「植民地的近代と消費者の欲望」）。

「或る女」がさまようコンタクトゾーン

一九二〇年代の日本でアメリカニズムの氾濫や都会でのモダンガールたちの闊歩を論じた多くの論者が見落としていたのは、このような女性たちのコマーシャルでもエロティックでもある主体性です。たとえば、すでに触れた新居は、「モダン・ガールは無知であっては資格がない。聡明で微翳をも見逃さない鋭い感受性がなければ資格がない」として、カフェの女給や女優、外面だけがモダンと見なされる女たちをモダンガールの範疇から排除していました（新居格「近代女性の社会的考察」）。つまり、モダンガールのあからさまな否定はもちろん、モダンガールを肯定する言説も、実際には「モダンガール」への社会的志向を底辺から支えていた広範な職業女性たちのうごめきを視野には入れていないのです。しかし、外面でモダンに振る舞うことと、内面的にモダンな思考をすることは、どれほど異なることなのでしょうか。

私は、まさにこの社会的地平を巻き込みつつ、大正以降の日本でアメリカニズムが反転していくのだと考えています。実をいえば、震災後の東京にうごめくカフェの女給や百貨店の女性店員、あるいは谷崎の『痴人の愛』におけるナオミのような形象には、明治末から多くの先行者がいました。やがて「モダンガール」と呼ばれていくことになるはずの彼女たちの両義的な主体性について最も早くに考察をめぐらしていたのは有島武郎です。有島は、『或る女のグリンプス』(一九一一―一三)から代表作『或る女』(一九一九)に至る著述を通じ、「アメリカ」に対する日本人の意識の屈折とそこにおける女性の主体性の問題を深く捉えました。

有島の『或る女』で、偽善的なキリスト教徒であった母の強い影響を受け、「世間の常識」に公然と反旗を翻してきた葉子は、再婚相手のいるアメリカを目指す客船で太平洋を渡り、カリフォルニアまでたどり着きながら、結局は上陸せずに帰国してしまいます。彼女は船の中で自身の渡米について、「生れ代った積りで米国の社会に這入りこんで、自分が見付けあぐねていた自分というものを、探り出して見よう。女というものが日本とは違って考えられているらしい米国で、女としての自分がどんな位置に坐る事が出来るか試して見よう」と決意します。なぜならば彼女にとって、アメリカとは「女のチャームというものが、習慣的な絆から解き放されて、その力だけに働く事の出来る生活がそこにはあるに違いない。才能と力量さえあれば女でも男の手を借りずに自分を周りの人に認めさす事の出来る生活がそこにはあるに違いない。

女でも胸を張って存分呼吸の出来る生活がそこにはあるに違いない」国だからです。そこまで葉子は決意していたのに、逞しい肉体をもつ船の事務長に惹かれ、恋に落ち、日本に舞い戻ってしまうのです。この帰還はやがて、彼女に悲惨な結末をもたらします。

しかし、この結末は物語の冒頭で予告されていたようにも思えます。葉子が最初に結ばれた相手は新聞記者の木部でした。彼女は母親に逆らって木部と同棲し始めますが、生活を始めると、以前は「崇高と見えるまでに極端な潔癖屋だった彼れであったのに、思いもかけぬ貪婪な陋劣な情欲の持主で、しかもその慾求を貧弱な体質で表わそうとするのに出喰わすと、葉子は今まで自分でも気が附かずにいた自分を鏡で見せつけられたような不快を感ぜずにはいられなくなります。こうして彼女の「批判力は又磨きをかけられた。その鋭くなった批判力で見ると、自分と似寄った姿なり性格なりを木部に見出すという事は、自然が巧妙な皮肉をやっているようなもの」と見えてきたのです。葉子は、「外界の圧迫に反抗するばかりに、一時火のように何物をも焼き尽して燃え上った仮初めの熱情は、圧迫のゆるむと共に脆くも萎えて」しまいました。「葉子は冷静な批評家らしく自分の恋と恋の相手とを見た。どうして失望しないでいられよう」。結局、彼女は「身震いする程失望して木部と別れてしまった」のです。

つまり葉子は、極度に鋭い自意識を抱え込み、その不安の中で自分を演じ続ける近代的な実存です。彼女は「小さい時からまわりの人達に憚られる程才はじけて、同じ年頃の女の子とはいつでも一調子違った行き方を、するでもなくして来なければならなかった」女性で、そこからすれば恐ろしい敵は男たちでした。男たちは「女がじっとしている間は慇懃にして見せるが、女が少しでも自分で立ち上ろうとすると、打って変って恐しい暴王になり上る」のです。これに対し、アメリカは、そうした抑圧体制の外にあるはずの空間と考えられていました。

しかし、それでも彼女は、そのアメリカに達しません。主人公がアメリカに達することができないのは、彼女の自己の根本的な不安定、どこにも自分の身の置きどころがないという存在感覚から自らを解き放つことがないからです。言うまでもなく、この葉子の不安定な実存には有島自身が投影されています。有島もまた、打ち倒すことのできない家父長権力の前で怯え、自己の根本的な不安を抱え続けて情死する最期を遂げた人でした。

柄谷行人は、有島作品が位置づけにくいのは、彼の文学が「「日本文学史」の空間そのものからズレてしまっている」からだと論じました（柄谷行人『批評とポスト・モダン』）。柄谷はしかし、この有島のズレを、彼の滞米経験やアメリカ文学への深い傾倒によって説明することを拒みます。むしろ有島のズレは、『或る女』の父権的な日本からのズレに対応し、「アメリカ」に決して到達することのない自己にも対応していたのです。柄谷が言うように、有島は場所の感覚に鋭敏な作家でした。『或る女』は、「アメリカ」でもなく「日本」でもない、「海」の上に漂い続けます。おそらく「それが有島の「場所」だといってもよい。それは実体的な空間ではないが、虚無でもなく、差異性としてのみあるような場所」であったと柄谷は論じました。

有島における「差異性としてのみあるような場所」、あるいはそのような場所から眺められる日本とアメリカの関係は、日本という存在の同一性に最後は回帰していった内村鑑三のアメリカとは決定的に異なっていました。たとえば栗田廣美は、有島の同一性喪失の契機を彼のアメリカ経験の中に見出します。つまり、「有島は、〈アメリカ〉との出会いが生み出すリアリティーの中で、自らのアイデンティティを支えるものを――つまり「日本人たること」も「キリスト教信者たること」も含む「整合的世界像」そのものを――削ぎ落とされていったのではないか」というのです（栗田廣美『亡命・有島武郎のアメリカ』）。

スクリーンの中のナオミの増殖

ここまで来て、私たちは『或る女』と「ナオミ」の間に決定的な断層があることに気づきます。たしかに両者とも広義にモダンガールなのですが、この二人の人物を成立させていたまなざしの地平は異なりました。一方で、『或る女』は有島の分身で、問われたのは葉子の引き裂かれる内面です。ですから葉子は、彼女が乗った船が太平洋上に出ても、なかなか船室から出て来ません。船室に閉じこもり、彼女は鏡に自分を映します。その鏡の中では、「夜の気が薄暗くさまよっている中に、頬をほてらしながら深い呼吸をしている葉子の顔が、自分にすら物凄い程なまめかしく映って」いました。やがて彼女は、鏡の中で「乱れかかる額際の髪を、振仰いで後ろに撫でつけたり、両方の鬢を器用にかき上げたりして、良工が細工物でもするように楽しみながら元気よく」化粧を終え、食堂に出ていくのです。彼女は、「自分が船客達から激しい好奇の眼で見られようとしているのを知っていた。立役は幕明きから舞台に出ているものではない。観客が待ちに待って、待ち草疲れそうになった時分に、しずしずと乗出して、舞台の空気を思うさま動かさねばならぬ」と考えていました。葉子は、楽屋で入念に鏡の中の自分を覗き込み、そこから一歩出たらば自己の仮面を演じ通す決意でいる舞台女優です。

ところが『痴人の愛』が描くのは、徹底して外面の世界です。ナオミは決して谷崎の分身ではありません。たしかに譲治は、彼女をピグマリオン的に育てようとします。しかし、それ以前から、彼はいわばスクリーンの中のナオミに恋していたのです。事実、この物語は幾度となくナオミが譲治のまなざしに映じた「メリー・ピクフォード」であることを示唆します。そもそも譲治がカフェの女給をしていたナオミに関心を持ったのは、その名前を「NAOMIと書くとまるで西洋人のようだ」と思ったからで、「名前がハイカラだとなると、顔だちなども何処か西洋人臭く」見えるようになりました。そして、譲治はナオミの水着姿を見たとき、それまで「きっとナオミの体の曲線はこうであろうと思っていたのが、想像通り」だったことに狂喜し、「ナオミよ、ナオミよ、私のメリー・ピクフォードよ」と心で叫んだのでした。

これらすべてはナオミの外面に生じることで、しかもそれをまなざすのは譲治一人です。つまりここに生じているのは、ハリウッド映画のスクリーンとそれを覗き見る映画観客の関係と同じです。そして実際、ナオミはそうした譲治の窃視的欲望によく応えていました。谷崎が書くところでは、「活動写真を見る時に彼女は余程女優の動作に注意を配っているらしく、ピクフォードはこう云う笑い方をするとか、ピナ・メニケリはこんな工合に眼を使うとか、ジェラルディン・ファーラーはいつも頭をこう云う風に束ねているとか、もうしまいには夢中になって、髪の毛までもバラバラに解かしてしまって、それをさまざまの形にしながら真似るのですが、瞬間的にそう云う女優の癖や感じを捉えることは、彼女は実に上手」でした。ですから、彼らが移り住んだ大森の「お伽噺の家」は、彼らだけの小さな映画館に他なりませんでした。そしてもちろん、ここに他者のまなざしが入ってくるとき、二人の関係は壊れます。

五味渕典嗣は、『痴人の愛』の「アメリカ」が「西洋」から離れ、固有の審級をして作用し始める瞬間に注目しています。それはダンスホールの場面で、ナオミたちが「外貌や服装や持ち物や身体技法など、ひとのあらゆる可視的な側面から存在論的な優劣を比較・計測しようとするときに人種主義の比喩が導入」されるのです(五味渕典嗣『言葉を食べる』)。ダンスホールは、多人種混淆的状況の中で人種主義が上演される場です。ナオミは自分を「混血児《あいのこ》」と誇らしげに表現し、そうした人種的境界線に自己を置きます。このとき、アメリカで語られていた日本人への差別意識が『痴人の愛』に入り込み、しかもそこでナオミは、この人種主義によって差別される側ではなく、差別する側に自らを位置づけて語っていたのです。こうして「決して「西洋」にはなりえないものとして「ニッポン」が語られ」、この「アメリカ」と「西洋」の対比も、「「活潑」だが「乱暴」で「下品」で「野性」的な「ヤンキー・ガール」たるナオミと、「慎しやか」「悧巧さうな」眸を持った、「洗練」された品格を具備した「伊太利か仏蘭西」あたりの「美人」に比される、帝劇女優・春野綺羅子」の対比に表現されていったのでした。

問題は、なぜナオミがこうした人種主義的まなざしを獲得したのかです。その答えは、ハリウッド映画自体にあります。当時、ハリウッドの名だたる映画産業が日本進出を始めていました。北村洋は、「ユニヴァーサルが日本進出を果たしてから数年のうちに、アメリカ映画の上映本数が日本映画のそれを上回り、洋画市場では疑いなく王座に君臨した。ハリウッド関連のゴシップはおなじみの芸能新聞や映画雑誌だけでなく、『文藝春秋』『中央公論』『婦人公論』『キング』などの一般誌も賑わせた。アメリカ映画は多様な映画観客を魅了したが、特に都心の「若者」「知識層」「高級観客」などを惹きつけた」とします(北村洋『敗戦とハリウッド』)。

もちろん、まだその絶大な影響力は大都会限定でしたが、まさにその力に谷崎は反応し、ハリウッドのまなざしを全面的に受け入れるナオミを造形したのです。実際、斎藤淳は、『痴人の愛』の最終章が描く「浴室に隣合った寝室の豪華なベッド、メイドに準備をさせての朝風呂、入念な化粧といった横浜でのナオミの暮らしぶり」が、一九二〇年代初頭のセシル・B・デミルの映画からの引用であると指摘します(斎藤淳「『痴人の愛』——デミル映画の痕跡」)。ある意味で、谷崎の『痴人の愛』全体がハリウッド映画からの引用だったとも言えるのです。

前述の五味渕は、この小説のラストシーンとハリウッド映画の照応を確認しつつ、ここでナオミが「植民地主義的な関係性の中で、構図としては白人/植民者に類する位地を占めている」と述べます(五味渕、前掲書)。つまり、ナオミや譲治はハリウッド映画のシーンを受け入れ、それをなぞる中で、その人種主義的まなざしに一体化していたのです。そのような一体化は、すでに彼らが大森の「お伽噺の家=二人の映画館」で、いわば映画のスクリーンの中に自分たちを溶け込ませる遊びを重ねることで準備されていたと言うべきでしょう。

したがって、『痴人の愛』の世界、その中の象徴的な女性像であるナオミは、作者の分身ではないのはもちろん、同時代の日本の文脈の内側から造形された人物なのでもなく、そもそもハリウッド映画のスクリーンの中のイメージが増殖していった偶像なのです。『或る女』の主人公の葉子は、桟敷客の欲望のまなざしが自分の身体にどう注がれているかを意識しながら演技する舞台女優のような存在でした。それに対して『痴人の愛』の語り手はあくまで譲治=男性の側にあり、彼はスクリーン上の偶像にその欲望のまなざしを向け続けるのです。

このエロティシズムと一体化した映像的な誘惑は、やがて観客としてスクリーンを覗き込む譲治、さらには谷崎自身をも巻き込みながら、現実の東京を闊歩し始めます。しかしそれはそもそもスクリーンの中の現実なのですから、最初から現実的基盤を持っていません。たとえ譲治の欲望の中ではそれが受肉し、彼がそのような対象と性関係を結んでいると錯覚していたとしても、ナオミはその本質において映像イメージなのです。だからこそ、ナオミはハリウッド自体が内包していた人種主義を、日本の文脈でそのまま体現していきます。

連載小説としての『痴人の愛』が、日本に入り込んでいたハリウッド映画のまなざしを増殖させ、そのスクリーンの中の女性たちが大東京に増殖していくのを予言するものであったとするなら、それは有島の『或る女』の先ではなく、それから六〇年以上を経て、膨大な日本人を誘い込んでいく東京ディズニーランドの手前にあったのだと言えます。物語の冒頭、活動写真好きのサラリーマンである譲治が「NAOMI」に興味を持ちだした瞬間から、すでにナオミはスクリーンの中にいて、譲治はそれを覗き見る観客でした。物語の進行を通じ、彼らは映画スクリーンの中にどんどん入っていきます。当然、スクリーンの内部に入れば入るほど、譲治とナオミの力関係は逆転していきます。そして最後は、譲治はもうスクリーンの中の世界から外に戻ってこれなくなっているのです。私はこの講義の最後で、これこそが一九八〇年代以降の東京ディズニーランドで起きていった現象であることを説明するつもりです。

第5講 空爆する者 空爆された者

——野蛮人どもを殺戮する

「嘆きの自由の女神」(『漫画』1942年1月号). 自由の女神の上では, ルーズベルトが民主主義を「独裁」の炎で燃やす

想像される日米戦と敵国への羨望

日露戦争後、日本が東アジアから太平洋にまで広がる新興の帝国になっていくと、国内の大衆的言説にも「仮想敵としてのアメリカ」という語りが浮上し始めます。その先駆は、一八九七年に『文芸倶楽部』の特別号として出された『日米開戦未来記』まで遡れますが、この動きがはっきりしてくるのは、日本の膨張に黄禍論的なまなざしを向けたホーマー・リーの小説が、一九一一年に『日米必戦論』として邦訳出版された頃からかもしれません。

この小説がアメリカで出版されたのは〇九年でしたから、あっという間の邦訳出版でした。しかも、この本のもともとのタイトルは「The Valor of Ignorance」で、直訳すれば「無知の蛮勇」とでもなりますから、「必戦」というよりも「黄禍」がテーマだったと思われます。これを日本の出版社は、むしろアメリカとの戦争を煽る本として出すことで売り上げを狙ったのでしょう。実際、この本は最初に英文通信社という小さな出版社から出された後、すぐさま『日米戦争』とさらに露骨なタイトルで当時の最大手の博文館からも出され、翌年までに二二版以上を重ねますから、出版元の狙い通り大ベストセラーになったと言えます。

ここにおいてすでに二〇世紀初頭の太平洋における日米のまなざしのずれは顕著です。アメリカが膨張する日本に向けていたまなざしは、何よりも人種主義的なものでした。「黄禍論」に代表されるように、アングロ・サクソンではない、白人ですらないアジアの人種が「文明化」を遂げて帝国を建設し、太平洋の西から迫ってくることはアメリカ人には恐怖でした。

これに対して日本がアメリカに向けていたまなざしは、キャッチアップ主義というか、単純に自分たちは今や文明国アメリカとすら肩を並べるほどに発展したのだという、戦後も再び繰り返されていく「成り上がり者」のメンタリティだったと思います。成り上がり者の心理にはいつも傲慢さと劣等感が表裏をなしており、日本人の場合、これは戦前から戦後までを通じてアメリカに対する劣等感とアジアに対する傲慢さとして表出されてきました。

リーの小説の翻訳に続き、一九一四年には数年前に『此一戦』で日本海海戦を描いた水野広徳が、今度は未来の日米戦争を描く『次の一戦』を出版します。さらに二〇年代になると、ワシントン会議への反発もあって、佐藤鋼次郎の『日米若し戦はば』(一九二〇年)や『日米戦争夢物語』(二一年)、樋口麗陽の『日米戦争未来記』(二〇年)、宮崎一雨の『日米未来戦』(二三年)、大浜忠三郎の『起るか? 起らぬか? 日米戦争』(二四年)、石丸藤太の『日米戦争 日本は負けない』(二四年)等々、日米戦への道を煽るかのような本が次々に出されました(佐伯彰一「仮想敵としてのアメリカのイメージ」)。そして、一九二四年に米議会で排日移民法が成立すると、日本国内ではこれに衝撃を受け、『少年倶楽部』のような大衆的ジャーナリズムで「アメリカへの復讐心」に燃え上がった投書や読み物の連載が始まっています。この種の根拠のない自惚れと強がりは質の悪いナショナリズムですが、危機の時代にはそうしたものが受けるのです。

しかも、こうした言説の流行は、アメリカへの敵意だけでなく、アメリカへの欲望も内包していました。つまり戦中期、日本人はアメリカを敵として罵り、同時にアメリカに劣等感を抱き、これを羨望し続けたのです。日米開戦の直前、多くの雑誌がアメリカ問題を特集しましたが、ある論者は、「周囲を省みて見るならば、我が国民の実生活のうちにはおどろくほど広汎にアメリカ的様式が浸潤している。近代的生活の様式にとって技術的に便宜的なものはほとんどすべてがアメリカ風である」と述べ（早瀬利雄「現代アメリカの実体」）、別の論者は、「わが国民の多くが、アメリカ的唯物文明に眩惑せられて私に恐怖し、乃至はこれを高度の先進文化なるかの如く、過大に評価する」と論じていました（中村弥三次「アメリカ認識の基本問題」）。また、日本におけるアメリカ文化の氾濫を払拭し、この国の文化的伝統を取り戻すためには対米戦争は必須だと論じる者もいました。日本人は近代を通じてアメリカへの屈折した感情を抱き続けており、これは戦時においても消えなかったのです。

まなざされる対象としての敵国日本

しかし、これはあくまで日本からアメリカに向けられていたまなざしです。アメリカから日本に向けられていたまなざしはまったく異なりました。平均的なアメリカ人からすれば、日本はあくまで「野蛮な帝国」に過ぎず、もっと言えば「黄色い猿」でした。同じ敵国でも、ドイツと日本はまるで異なったのです。ですからアメリカは、日本を冷静に観察し、計測し、調査し、解析していきます。そこでは日本研究者が日本人のパーソナリティや社会構造の研究に従事し、人類学や社会学、社会心理学から歴史学までの学者が動員され、戦後に予想される日本占領政策の検討も始まっていました。また、フランク・キャプラらによる陸軍省のプロパガンダ映画『汝の敵、日本を知れ』(一九四四年)には、多数の日本映画からの断片が利用されていました。偏見に満ちたものであれ、アメリカは「敵」としての日本がどのような社会で、この民族の意識や態度がいかに形成されているかを、データに基づいて検討していたのです。

このまなざしは、きわめて冷酷で徹底したものでした。その冷酷さが際立ったのは、日本上空からの空爆技術です。ここで決定的な役割を果たすのが、F13と呼ばれた写真偵察機でした。F13の機体はB29を改造し、数種の大型カメラを装備していました。第一は、地上の三〇－五〇キロ四方の比較的広い範囲を撮影するトライメトロゴン用カメラ三台です。「トライメトロゴン」というのは地図製作用の技術で、中央のカメラは下方、左右のカメラは水平面から三〇度傾け、各カメラで撮影された写真をカメラの位置を光源として水平面上に投影することで正確な地図を作成できました。第二に、F13は同じ範囲に照準して鉛直軸からわずかに傾く二台

図5-1　米軍によって撮影された上野一帯．工藤洋三『米軍の写真偵察と日本空襲』より

のカメラも装備していました。これらのカメラで約三キロ四方を撮影し、そのフィルムを合成して地上の高低や建物の高さを計算し、それらの凹凸を立体視できる写真を作成できたのです。さらに、より広い範囲を直下で撮影するため、もう一台の直下撮影用のカメラも搭載されていました。加えて、F13には夜間撮影用のカメラも載せられ、照明弾とセットで使用されました(図5-1)。

　このF13が、東京上空に最初に飛来したのは一九四四年一一月一日です。午後一時頃に房総半島から東京に侵入し、東京近郊の航空関連工場、京浜の軍需工場や横浜近郊の海軍施設を撮影しました。その後も同機は、一一月に二七回、一二月にも二七回出撃し、東京と名古屋を上空から精密撮影しました。こうして四四年から四五年にかけての頻繁な飛行で撮影された膨大な枚数の航空写真は、サイパンにあった米空軍第三写真偵察隊で現像され、組織的な分析と地図や模型の製作が進められました。この部隊は、四五年五月には一〇〇〇〇人を擁するまでに膨れあがったそうで、F13の写真が米軍の日本空爆でいかに重視されていたかがわかります。東京上空は、敗戦の一年近く前からすでに「占領」されていたようなものだったのです。

米軍が技術開発を進めていたのは、F13による航空写真だけではありません。爆撃の効果を正確に予測し、その結果を検証する仕組みも発達させていました。一九四三年一〇月に策定された『日本――焼夷攻撃資料』(Japan-Incendiary Attack Data)では、米軍は日本の二〇都市を空爆対象として選定し、それらの都市を焼き尽くすのに必要な焼夷弾の量を計算していています。そのため、各都市の構造、建物配置、焼失可能性、人口密度等についてのデータが集められ、爆撃の対象地域が三種の焼夷区画にゾーニングまでされていました。

すなわち、まず焼夷区画一号は「労働者の住宅や商店街が密集していて都市の最も燃えやすい区画」で、一平方マイル当り九万一〇〇〇人以上の人口、五〇―八〇%の屋根面積を持ち、「完全な破壊のために一平方マイル当り六トンの焼夷弾を必要とする」ことなどが指標となりました。これに対して焼夷区画二号は、「これに次いで比較的燃えやすい区画」で、港湾や倉庫地区、工場地域を含んでいました。この区画に関しては、「完全な破壊のために一平方マイル当り一〇トンの焼夷弾」が必要でした。さらに、焼夷区画三号は「燃えにくく、焼夷弾攻撃に不向きな区画」です。当然、空爆は東京でいえば下町一帯のような焼夷区画一号に集中していきます。こうしたデータに基づく分析は、「都市の一部に火災を発生させることではなく、最新の消防設備をもってしても制御できない大火を発生させ都市全体を焼き払うこと」を目的としていました(工藤洋三『日本の都市を焼き尽くせ!』)。

このような地区選定には、様々な社会学的データも利用されていました。とりわけこのゾーニングでは、一九四〇年に日本政府が実施した国勢調査の結果が利用され、地区ごとの精密な人口密度が算出されていました。米軍は、日本政府が実施した調査を利用し、日本空爆のための基礎データを得ていたのです。これに加え、彼らは日本の諸都市での火災保険データも入手していましたから、家屋の保険料から地区ごとの「燃えやすさ」を算出していました。これらと航空写真から得られる建築物のデータを総合すれば、各地区でどのくらいの焼夷弾を投下すれば、どれだけ火災が広がるかを統計的に予測できたわけです。

上空から東京を焼き尽くす

こうした米軍の冷酷なまなざしが最初に貫徹したのが、一九四五年三月九日から一〇日にかけての東京大空襲だったのは言うまでもありません。九日の深夜、大東京の人々が寝静まっていた頃、新型のナパーム焼夷弾M69約三八万発、一七八三トンを搭載したB29約三〇〇機が、低高度で東京湾から都心東部の人口密集地域に侵入しました。この大規模な爆撃機団の目的は、日本の軍需工業の基盤となっていた下町の町工場と住民をもろとも焼き払うことでした。

日本のレーダーは、低高度で迫る大編成の部隊の侵入を察知することができませんでした。こうして東京は、「突如」来襲した爆撃機から降り注ぐ無数の焼夷弾の餌食となったのです。最初の爆弾が深川、本所、浅草、日本橋に投下され始めたのは午前零時八分、ようやく空襲警報が鳴り始めたのはそれから七分後でした。警報もなく、寝静まった深夜、低空で来襲した巨大爆撃機群から数十万発の焼夷弾が豪雨のように投下されたのです。空爆は、まもなく芝、上野、神田、麴町など都心全域に拡がり、大東京の心臓部を劫火で焼き尽くしました。

この東京大空襲の夜は、激しい北北西の風が吹いており、火の海をさらに拡げました。風が火を呼び、火が風を呼び、あちこちで乱気流が渦巻き、灼熱の竜巻となり、逃げまどう人々は黒焦げの死体となっていきました。実は、この北北西の風の「効果」は、米軍が最初から計算していたことでした。彼らは気象予報で、この日の東京は風が強く、延焼効果が高いことを知っていました。だからこそ殺戮効果を高めるために、この日を東京空爆に選んだのです。実際、綿密な計画通り、米軍機による空爆はわずか約二時間でしたが、被害は死者約一〇万人、罹災者一〇〇万人に上り、火災はほぼ丸一日続いて東京は廃墟と化しました。焼失地域は四一平方キロメートル、東京区部の三分の一以上です。わずか二時間の空爆で、世界最大級の大都市が脆くも壊滅し、一〇万人も一般市民が焼き殺されたのです。

このとき、米陸軍航空軍司令官のヘンリー・アーノルドはワシントンから空爆を指揮したカーティス・ルメイに打電し、これは「単一攻撃でもたらされた軍事史上最大の壊滅的損害であり、歴史上かつてない多くの人的損害を与えた軍事行動」だとして、米軍が「何事をも成し遂げうる胆力を示してくれた」ことを喝采しました(ロバート・M・ニーア『ナパーム空爆史』)。

米軍による東京空爆は、三月一〇日以降も続きました。そもそも東京空爆は、一九四四年一一月に始まり、同一二月に一二回、翌年一月に七回、二月に一二回、三月に八回、四月に一七回、五月に一二回、六月に九回、七月に一六回、八月前半に九回と、総計一〇〇回を上回ります。一九四五年三月以降に絞ると、東京はほぼ数日に一回は空爆を受け続けていたことになります。なかでも激しい空爆は四月から五月に集中しており、四月一三日深夜にB29三三〇機が豊島、渋谷方面を空爆し、焼失家屋二〇万戸、死者二四〇〇人、翌一五日深夜には同二〇〇機が大森・荏原方面を空爆し、焼失家屋約七万戸、死者八四〇人、五月二四日未明には同五二五機が麹町、麻布、牛込方面を空爆して焼失家屋約七万戸、死者七六〇人、翌二五日には同四七〇機が中野、四谷、牛込、赤坂方面を空爆し、焼失家屋一七万戸、死者三六五〇人を出します(太平洋戦争研究会編著『図説 アメリカ軍の日本焦土作戦』)。結局、東京市街地の五〇%以上が焼け野原となり、米軍はもはや東京には焼き払うべき建物はなくなったと判断します。

一九四五年八月一五日まで、どれほど苛烈にこの米軍の空爆が日本列島を焼き尽くしていったかについては、すでに多くの記録と証言があります。注目しておきたいのは、これらの空爆のほぼすべてが、B29というたった一種類の爆撃機によって、またカーティス・ルメイというたった一人の指揮官の下で遂行され続けたことです。ルメイは三八歳で日本空爆の指揮官に抜擢された人物です。彼が抜擢されたのは、ヨーロッパ戦線でドイツに夜間爆撃を実施して大きな戦果を挙げたからでした。彼は、勇敢な戦場の軍人というよりも、組織の諸課題をすばやく処理し、目に見える成果を出すことに集中するタイプでした。その彼は、前任者が事実上の無差別爆撃となる夜間爆撃や焼夷弾使用を躊躇していたのを方針転換し、すばやく数字に残る戦果を挙げるため、積極的に夜間に低高度から大量の焼夷弾を落とす爆撃を実行に移していきました。この方針転換の結果、一九四五年の日本列島では、すでに敗戦は時間の問題だったにもかかわらず、空からの無差別殺戮が大々的に実施されていくことになります。

「猿」としての日本

しかし同じ戦時期、こうした冷徹なまなざしが日本からアメリカに向けられることはありませんでした。日本にとってアメリカは、欲望や憎悪の対象ではあっても、冷徹な観察や分析の対象として位置づけられてはいなかったのです。その結果として生じた取り返しのつかない愚かな選択が真珠湾への奇襲攻撃でした。ジョン・W・ダワーが書いたように、日米開戦以前、日本陸軍は「情報収集にさいし英米を無視し、中国とソ連に重点を置いていた。陸軍の諸学校では英語を教えることさえしなかった。帝国海軍や他の主要な政府機関が、開戦前にアメリカの生産能力について大がかりな調査をすることもなかった。さらに真珠湾攻撃計画は極秘にされ、海軍の諜報部門はつんぼ桟敷に置かれ、奇襲攻撃のもたらす心理的効果について真剣な検討はいっさい行なわれなかった」のです(ジョン・W・ダワー『容赦なき戦争』)。

これは、日本がアメリカを蔑視していたから生じたのではなく、むしろ日本社会が、そもそものような他者についての冷徹なまなざしを欠いていたため生じたのだと思われます。なぜならこの社会は巨大なムラの集合体で、それが近代天皇制の秩序に従ってタテ割りで組織されることで経済的・軍事的発展を成し遂げました。この垂直統合は、与えられた目的を精密に処理していくには有効ですが、そもそもの目的がより広い視野の中で適切なのかを冷静かつ批判的に再検討できなくします。こうして日本人は、「アメリカとは何か」をまるで理解も認識もしないまま、よく知らない巨大な相手に無謀な戦争を仕掛けていったのです。

結局、日米戦争の最中にあっても、日本人は自分たちの都市や国土が徹底して観察・分析されていることに気づかず、「鬼畜米英」という幻想的な標語によってアメリカの実体を視界の外に追いやり、相手を直視することを避けて内閉していきました。日米の間には、軍事的・経済的な不均衡ばかりでなく、こうした圧倒的なまなざしの不均衡が存在したのです。

この不均衡を象徴的に示すのは、戦時下で日米が相手について用いていたイメージの違いでしょう。ダワーの詳細な検証によれば、アメリカが「敵国日本」を描く際の典型的な表象は、「猿としての日本人」でした。この背景にあるのはもちろん人種主義です。そうした表象の無数の例を示した上で、ダワーは「戦時中の英米の政治諷刺漫画を見直すとき、あらかじめ敵の日本人を描くのに猿のイメージを使うのを好むと知っていても、そうした表現が広範囲に及んでいることは驚くほどである——日本人が単に猿のようにではなく、まぎれもない猿と描かれていた事実にもどきりとさせられる」と書いています(同書)。このことは、アメリカが「敵」としてのナチスを描く際、その暴虐をどれほど非難しようとも、ドイツ人を猿として描くことはほぼなかったことと比較すれば、ここにあった露骨な人種主義は明白です。

ダワーは、この「猿」としての日本人のイメージは、「英米の報道機関のいたるところに、出版物では保守的なもの自由主義的なもの、大衆向けと知識人向けのすべてに現われた」と述べています(同書)。たとえば『タイム』誌は、オランダ領東インド諸島で日本人の猿人が木からぶら下がっている絵を表紙に用い、反ファシストの風刺漫画家デイビッド・ロウは、一九四一年七月、つまり日米開戦以前に、アメリカ人、イギリス人、ソ連人の軍人たちがヤシの木の下の浜辺で太平洋を眺めるなか、日本人の猿がそのヤシの木にしっぽをかけてぶら下がっているのを描いていました。さらに『ニューヨークタイムズ』紙や『ワシントン・ポスト』紙も、

図 5-2 「ジャップ」を想起させる1匹の猿がヒトラーと比較されながら描かれる(『ワシントン・ポスト』紙 1942年)

同様の「猿」としての日本人のイメージを紙面に掲載していました(図5-2)。木にぶら下がって虎視眈々と渡る先を探す猿や、援軍なく孤立して攻撃される猿、頭上からヤシの実が落ちる猿、そして日本本土への空襲が始まると、眼鏡をかけた出歯の猿が包帯をして泣きわめく姿も登場します。

これらのイメージは、すでに述べた日本本土への空爆による無差別大量殺戮を間接的に正当化するものだったと考えられます。なぜならば、日本人が人ではなく猿であるのなら、日本人の殺戮は、「殺人」ではなく「狩り」になるからです。実際、「狩りの連想は、太平洋での戦闘についてのアメリカ人の著作のいたるところに出てくる」とダワーは指摘します。

戦争末期、いよいよ太平洋での「ジャップ狩り」が解禁となり、アメリカのハンターたちはこぞってこの狩りに精を出していたのです。実際、日本軍掃討作戦が展開されたガダルカナル島は、「猿人が大勢いるハンターの楽園」と評されていました。その狩りは「牧歌的で退屈であり、獲物は小さく御しやすいことが圧倒的に多かった。「ライフ」誌はカバーストーリーで、ライフルを構えて日本狙撃兵を捜しながらジャングルの中を歩く米兵の写真を載せ、「多くの戦友と同じく彼らはジャップ狩りをしていた。かつて故郷の森の中で小さな獲物をよく追い求めたように」と説明」していました(同書)。――身の毛もよだつおぞましい話です。

「鬼」としてのアメリカ

こうしたアメリカ側のまなざしの中での「猿」としての日本に対し、日本側のまなざしの中でアメリカは、何よりも「鬼」として表象されていました。髙井ホアンは、一九四一年春頃から四五年八月まで、日本で発行された雑誌や書籍に掲載された英米のイメージを『鬼畜米英漫画全集』という一冊にまとめていますが、それを見ると、アメリカの表象はルーズベルト大統領の「鬼」や「悪魔」としてのイメージによって示されるか、そうでなければ相変わらず「自由の女神」によって象徴される抽象的な「自由」や「経済」のイメージで、さらには現実の戦況とは著しく乖離した情報の提供に終始していたことがわかります(髙井ホアン『鬼畜米英漫画全集』)。

この「鬼」としてのルーズベルトという表象は、日米開戦初期からあり、一九四二年一月に雑誌『漫画』に載った小野佐世男の「嘆きの自由の女神」という漫画は、悲しみの表情で俯《うつむ》く自由の女神の頭上に鬼となったルーズベルトが坐り、「独裁」の炎で「民主主義」と書かれた紙を焼いていました（第5講扉参照）。つまり、ルーズベルトはアメリカの「民主主義」を抑圧する独裁者で、その独裁者と日本は戦っているのだというメッセージです。これが典型的な「アメリカ＝鬼」のイメージで、同じ頃にアメリカ側がそうであったような「徹底的に非個人化、非人間化した日本人の絵画イメージとは、まったく対照的」でした（ダワー、前掲書）。

ルーズベルトの鬼化は、戦況が悪化する一九四三年以降にはより前面化していきます。象徴的なのは、一九四三年二月に同じく『漫画』に掲載されたもので、節分の季節にちなみ、二本の角を生やした鬼の姿のルーズベルトが豆まきならぬ爆弾まきをしている様子を描いていました。また、同年一〇月の『写真週報』に載った漫画では、ルーズベルトとチャーチルの両方が二本の角を生やした鬼（図5-3）で、多くの飛行機の残骸が焼ける前で何やら悪だくみの内緒話をしていました。さらに、『漫画』の四三年一一月号に掲載されたのは、昭和初期から戦後にかけての漫画界をリードした近藤日出造によるもので、「鬼」となったルーズベルトが星条旗のパンツをはき、「支那大陸」や「アリューシャン」という狼を連れて太平洋を西進している構図でした。数多ある「ルーズベルト＝鬼」の図像の代表例と言っていいでしょう。

この種の表象は、著名な漫画家から子供たちまで、戦争末期に広く日本人に共有されるステレオタイプでした。文字通り、「鬼畜米英」のイメージです。しかしここで注意すべきなのは、日本人にとって「鬼としての敵」というステレオタイプは、ルーズベルトのような政治指導者に集約され、アメリカ人一般に広げられることは稀だったことです。日本のメディアは、アメリカ人全体が「悪魔」の集合体なのだとか、米兵は実は戦地で住民や日本兵を次々に食べる「鬼」なのだとは描いていません。これは、アメリカのメディアが日本人はそもそも「猿」だと描いたのと異なります。私は決して日本のメディアのほうが差別的ではなかったと言いたいのではありません。そうではなく、日本のアメリカへのまなざしには、アメリカの日本へのまなざしを枠づけていた何かが欠けていたということです。

この非対称のポイントがどこにあったかと言えば、多くの「鬼」のイメージが、日本の伝統的な「異人」のイメージと重ねられていたことです。前述の「豆まきする鬼＝ルーズベルト」もそうなのですが、河鍋暁斎の有名な「妖怪引幕」に登場する鬼にルーズベルトの姿を埋め込んだ漫画（四三年一一月）、歌舞伎の有名な演目である「紅葉狩」に擬《なぞら》え、ルーズベルトが戸隠山の鬼女として登場す

図 5-3　『写真週報』(1943 年 10 月 20 日)に掲載されたルーズベルトとチャーチル．2 本の角が生えている

る漫画(四四年五月)等々です。ダワーは的確に、「戦時中の多くの通俗的な読み物や絵は、この鬼のような他者というパターンに陥り、なかば超人的、なかばヒトより劣る、はっきりしないヨソ者という伝統的な認識」を繰り返したと述べます(同書)。つまり、明治維新から七〇年以上を経て、東アジアの侵略的帝国主義国家となった戦時下の日本においても、「「身内」と「ヨソ者」とか見知らぬ人との伝統的、社会的な識別」こそが、日本人の他者イメージや自己意識を構造化し続けていたのです(同書)。

逆に、ここで何が欠落していたかと言えば、一九世紀から欧米で他者へのまなざしを構造化していた進化論的な人種主義です。言うまでもなく、日本もアジアに対しては、同様の人種主義を露骨に作動させ、たとえば国内の博覧会場の「人間動物園」でアイヌ民族や台湾の先住民を展示していました。しかし、同じ人種主義をアメリカに適用はできなかったのです。その結果、進化論ではなく異人論、つまり日本社会を昔から枠づけてきた他者へのまなざしが導入されます。つまり、日本人の「伝統には、西洋で十五世紀末のコロンブスを嚆矢とする「未開人」という概念と同一のものはなかった。「野蛮人」は中国から借用した言葉で、日本人は原始とか未開とかに対する心底からの感覚はもっていなかった。……猿という汚名に匹敵する容赦のない支配的な隠喩はなく、容易に人殺しに変わりうる狩りという隠喩もなかった」のです(同書)。

一九四五年の惨憺たる経験を経て、やがて日本人は自らの異人論と巨大な爬虫類という進化論を逆手に取ったような表象を『ゴジラ』に結実させていくのですが、戦時中、恐ろしい敵としてのアメリカを表象するために用いられたのは、爬虫類や昆虫以上に鬼や悪魔、想像上の異人のイメージでした。アメリカが敵としての日本を徹底的に可視化していたのに対し、日本社会は敵国であるアメリカをむしろ不可視化することに熱心だったように見えます。

結果的に、「鬼」としてのルーズベルトでなければ、「敵」としてのアメリカのイメージはより抽象的になります。ルーズベルト大統領以外で「アメリカ」の象徴としてしばしば登場したのは「自由の女神」ですが、第9講で論じていくように、「自由の女神」の「自由」が何を意味するかはきわめて多様です。したがって、ルーズベルト大統領の場合のように、自由の女神それ自体を「悪」の象徴とすることはできず、意味作用は曖昧でした。

もしも、それでもアメリカの「悪」を徹底して暴こうとするならば、何よりも有色人種に対する人種差別に照準しなければならないはずでした。実際、日本のインドやビルマ、インドネシアの独立運動家に対する支援にはそうした面があったのですが、実は大日本帝国のアジア支配の構造自体が、きわめて残忍な人種差別を内包していたわけですから、「猿」と名指された日本が、その「猿」たちの連帯により欧米の帝国主義列強と戦っていくというレトリックには限界がありました。

こうした日本の敵国イメージの曖昧さは、戦争末期の戦意高揚歌でも顕著でした。敗戦がすでに濃厚だった一九四四年三月、間宮志津夫作詞、深海善次作曲の「米本土空襲の歌」が作られますが、そこには「何が正義だ　人道だ／飽なき魔手を　打ち振るふ／鬼畜の如きアメリカを／倒すは今だ　この秋《とき》だ」「何が制覇だ　制空だ／病院船まで　襲ひくる／野獣の如きアメリカを／抹殺するは　この秋だ」「遂にやったぞ　大空襲／見ろニューヨーク　ワシントン／濛々あがる　黒煙に／飛ぶは白堊だ　摩天楼／廃墟と化した　敵首都に／あがる日の丸日章旗」といった、妄想としか言いようのない歌詞が並びます。さらに同年一二月、作詞は西條八十、作曲は古関裕而という黄金コンビによって、「決戦かがやく　アジアの曙／命惜しまぬ　若桜／いま咲き競う　フィリッピン／いざ来いミニッツ　マッカーサー／出て来りゃ地獄へ　逆落とし」といった人口に広く膾炙された歌も作られています（高井、前掲書）。

大空襲とまなざしを失う人々

結局のところ、日米戦争末期において、膨大な日本人が空からの爆撃で殺戮され、日本の国土も廃墟となったにもかかわらず、日本人が果たして「敵」であるアメリカを本当にまなざしていたかについて疑問が残るのです。日本人はあの凄惨な戦争で、いったい誰と戦っていたのか——。その「誰」は、アメリカ側にとっての「敵としての日本」と同等の構造の中にはいませんでした。このまなざしの不均衡は、日本近代に深く内在しており、この講義ですでに考察したペリーの「遠征」と黒船の「来航」の間の不均衡にも重なります。

とはいえ、このアメリカの不可視化は、日米の文化政治的なまなざしの構造の違いに由来するだけでなく、空爆技術という、より直截なテクノロジーの差にも由来していました。すでに述べたように、米軍による日本の可視化は、可視化を可能にする空からの観測技術、航空写真の撮影や合成、各種のデータを統合する技術に裏打ちされたものでした。「視ることは殺すことである」というマクルーハン的命題を、米軍は見事に実践したのです。

ですからアメリカは、日米戦争の末期、はるか上空から神のように全土を見渡す主体として、日本を一望監視していました。戦中期の日本はそのことに気づかず、また気づこうともせず、手前勝手な妄想に自閉していたのですが、戦後になると、そうしたアメリカのまなざしを強烈に意識するようになり、パノプティコンさながら、そのまなざしを内面化していきます。

この転回には、しかし注意が必要です。アメリカの上空からの「神の眼」は、同時に「悪魔の手」でもあったわけで、冷酷な計算に基づいて日本全土に落とされていった二発の原爆を含む大量の爆弾により、本当はもっと早くに無条件降伏していれば失われなくてもよかったはずの膨大な命が失われ、消えることのない爪痕が大地にも、人々の心にも残りました。私たちの社会の「戦後」は、そうやって始まったのですが、まさにその転回点となる一九四五年の春から夏にかけての空爆の中で、殺されていった人々、あるいは彼らと共に逃げていた人々のまなざしが、単なる「鬼」としてのアメリカという表象の地平を超えて、今、起きている出来事の核心に迫っていた瞬間がありました。私たちは今も繰り返し、戦争末期、苛烈な米軍の空爆の下で日本人がいったい何を経験したのかを想起し続けなければならないのです。

実際、たとえば一九四五年三月一〇日の東京大空襲直後の状況は、路上から詳細に撮影されていました。そのよく知られた例は、警視庁のカメラマンだった石川光陽が、大空襲直後に被災の現場を歩きまわって撮影した写真です。石川は一九四四年一一月、戦況が悪化し、米軍機の東京空爆が本格化する中で、警視総監から今後生じる東京空襲の被害を写真で記録していくようにとの特命を受けました。この指令に従い、石川は東京空爆が本格化する一一月末以降、丹念に被害の現場の撮影を重ね、その撮影枚数は六〇〇枚に及ぶこととなります。

なかでも東京大空襲での一群の写真(図5-4)は壮絶です。三月九日深夜、石川がいた警視庁の地下防空本部には、「数十機の敵機が乱舞し、無数の焼夷弾を投下、随所で火災が発生」との緊急電話が入り、石川は現場に急行しました。逃げまどう人々をかき分けて両国付近まで来ると、「周囲は猛火の壁に囲まれ、熱風に煽られ、眼も開いておられない。空を仰げば醜敵B29は巨大な真白い胴体に、真紅の焔を反射させて、低空で乱舞している。そしてこれでもかといわぬばかりに焼夷弾の束は無数に落下して」きました(石川光陽『東京大空襲の全記録』)。彼は、火の海の中を浅草方面に向かうのですが、どこもかしこも「火は倍々たけりたって強風を呼び、その強風は火を煽って、多くの逃げ惑う人びとを焼き殺していった。私の目の前でも何人かが声もなく死んでいったが、どうすることも出来なかった。倒れた死体は路面を激流のように流れる大火流に、芋俵を転がすように流されて」いったと書き残しています(同書)。

これはとても写真を撮れる状況ではなく、石川も死を覚悟しました。彼は劫火の街を這いずりながら逃げ、警視庁に戻ります。その後、改めて街に出ますが、「道路の至るところに持ち出した家財が灰になっており、そこらあたりに劫火の犠牲になって焼死した男女の区別もつかない死体が転がっており、ちょっとした遮蔽物の脇には人が折り重なって焼死体の山を築いて」いました(同書)。そのなかで、カメラを積み上がる死体に向けることは死者たちから叱責される気がして「手はふるえ、シャッターを押す手はにぶった」と書き残します。それでも彼は、かすむ眼をひきあけてシャッターを押し、合掌

図5-4　警視庁カメラマン，石川光陽が撮影した東京大空襲直後の様子．『東京大空襲の全記録』より

してそこを立ち去ります(同書)。

この日以降、石川の写真には焼死体と避難民の姿が溢れていきます。空襲の記録写真といっても、それまでは空爆を受けて燃える建物や廃墟となった街の一角が撮られていることのほうが多かったのですが、三月一〇日以降は、目を背けたくなるような凄惨な焼死体が道路のあちらこちらに転がり、川に浮かび、空地に集められている様子や、そうした中を俯いて歩く人々の写真が増えていきます。未来のない戦争の中で、人々はただ茫然と、眼前のあまりに悲惨な状況をしのいでいました。その人々には表情というものがありません。石川の写真に登場する人々は、何かにまなざしを向けているようには見えないのです。彼らはただ俯き気味に黙々と歩き、行方不明者を探し、誰かのために祈り、茫然と立ち尽くしています。人間は、極限的な状況に追い込まれると「まなざし」を失うのです。そして、こうした悲惨さの全体が、上空からのアメリカのまなざしによって冷徹に観察されていたのです。

第6講 マッカーサーと天皇
——占領というパフォーマンス

マッカーサーと昭和天皇(1945年9月27日)

焼け跡に蘇る表情

一九四五年八月一五日の玉音放送を経て、「敗戦」と「占領」という現実に直面し、一般の日本人に起きた重要な変化は、茫然自失のあまり表情が失われたことではありません。事態はむしろ逆で、人々の顔に生き生きとした表情が蘇っていったのです。前回、お話ししたように、日本人から表情が著しく失われたのは戦争末期でした。しかし戦争が終わると、たとえそれが敗戦と占領、廃墟と飢餓という厳しい結末でも、人々は豊かな表情を回復していきます。

東京大空襲・戦災資料センターが監修した『東京復興写真集一九四五〜四六』(二〇一六年)には、敗戦直後の東京にいた多くの人々の姿が記録されていますが、彼らの表情が実に豊かなのです。登場する多くが豊かな表情で語らい、微笑み、不満そうな顔をし、覗き込み、目を凝らしています。背景の街は、たいていは瓦礫だらけの焼野原ですが、人々の表情は戦争末期とはまるで違います。明るいというよりも、一人ひとりの表情、身振りが個性に溢れています。

この時代、とりわけ表情が豊かになったのは女性たちで、この写真集には、そうした女性たちの表情が記録されています。しかも、渋谷で掘立小屋の「ティールーム」の前に立つ三人の女性や、日比谷公園で開かれた婦人代表立会演説会に来た女性たち(図6-1、上)は、それぞれがまったく異なる表情を見せています(同書)。いずれも終戦後一年に満たない写真です。戦争が終わり、女性たちはより多くを語り、おのが才覚で様々な相手と交渉を重ねています。

このように日本の敗戦は、植民地の人々にとってだけでなく、それまで周縁的な位置にあっ

図6-1 「五大政党婦人代表立会演説会」での女性たちの様子(上)と，寺院の焼け跡と思われるところでゴム跳びをして遊ぶ子どもたち(下)．『東京復興写真集』より

た日本人にとっても、一面で「解放」でした。敗戦とは表情の解放、感情の解放で、多くの女性が公共的な場でよりコミュニカティブな存在になっていった瞬間でした。

さらに、こうした生き生きとした表情は、子どもたちにも顕著でした。たとえば、一九四六年二月、焼け跡の寺院らしきところでゴム跳びで遊ぶ女の子たちを撮った写真は（図6-1、下）、そうした表情の豊かさを見事に捉えています（同書）。なかでも写真中央、まるで足蹴りをしているかのように高く跳んでいる女の子の表情には、目に焼き付いて離れがたいものがあります。ゴムを持つ女の子の後ろを、カメラを意識しながら男の子が笑顔で通り過ぎていきます。他方、もう一方のゴムを持つ女の子の脇には、まったく別のことに夢中なのか、片手を石の台座に置いたまま、遠くを注視するもう少し幼そうな女の子が見えます。家々がすっかり焼失してしまった風景の中で、子どもたちの実に豊かな表情が息づいていたのです。

戦後の焼跡で、息づく賑わいを集約していたのは各地の盛り場でした。八月一五日からわずか一週間後、浅草は大いに盛り上がりを示します。読売新聞には、空襲で全焼した本堂の再建が進み、仲見世も復旧しつつあり、いち早く「復興」に向かっているとあります（『読売新聞』一九四五年八月二四日）。そしてその数か月後、浅草六区の「興行街の賑はいは戦前以上、各興行場とも戦時中三年間の赤字はこの二箇月で完全に取り戻したといふ、いま工事中の松竹座、公園劇場は十二月、国際劇場は来年四月開場の予定だが、それが実現すれば花屋敷、宮戸座など二、三館を除いて六区は完全に復活する」とされていたのです(『朝日新聞』同年一〇月二五日)。

もちろん、当時の盛り場の「復興」を象徴したのは闇市です。先陣を切ったのは新宿と新橋で、新宿の場合、敗戦から数か月後には、「公認の新宿マーケットの繁盛は毎日十数万の客足を止めて狭い舗道を埋め尽くしている、これに立遅れた商店街も退蔵商品を一時にはき出して相当の闇値で都民の購買欲を煽る、いま新宿にはインフレへの杞憂も商売道徳もない「売」と「買」の放縦と無定見が圧倒的に支配している」という威勢のいい状況でした(『朝日新聞』同年一〇月二五日)。一九四五年秋から四八年春頃まで、東京では少なくとも一七九の露店設置場所に一万八四一四店が、二九九のマーケットに八二六五店が出店していました。これは公式の数字なので、実数はもっと多く、四万、五万を超える露店が都内に簇生し、そこには毎日、とてつもない数の客がやってきていたと考えられます。すでに述べた人々の表情も、多くがそれら闇市での売り買いを捉えたもので、闇市は戦後的日常の主舞台でした。

やがて、このようなアナーキーな活気に満ちた街から、占領軍を相手とする戦後芸能が立ち上がっていきます。当時、米軍基地や米兵慰問施設での興行は格別に待遇が良く、多くの若い歌手がこの職場に群がりました。伊東ゆかりは六歳の頃から父親に背負われて基地で歌い、江利チエミも小学四年で米軍相手に歌手生活を始めています。松尾和子は一五歳で北富士の基地でステージに立ち、森光子も習ったジャズで基地を廻っていました。仲介業者とのコネクションを通じて職を得る者だけでなく、東京駅北口や新宿駅南口には数百名のミュージシャンが集まり、連日、トラックの前でバンドマンの「セリ市」が行われていました。

占領期の基地でのバンドマンたちの興行が、どれほど戦後の歌謡曲文化の基盤として大きな役割を果たしたかについては、東谷《とうや》護が研究をまとめています（東谷護『進駐軍クラブから歌謡曲へ』）。彼によれば、占領期にバンドマンが雇われた米軍関連の施設には、①RAA（Recreation and Amusement Association）の施設、②各部隊直轄のクラブ、③日本人経営のキャバレー、ダンスホールの三種類があり、部隊直轄のクラブはさらに将校クラブ、下士官クラブ、兵員クラブなど階級別に分かれていました。当時、このクラブの数は、本土だけでも五〇〇か所と言われ、それぞれで米兵相手に演奏していたミュージシャンがいたのですから、その数は膨大です。クラブに一般の日本人は立ち入れませんでしたが、従業員やバンドマンは出入りできましたから、数多くの人々がフェンスの内外を行き来していました。

新たなる「黒船」――ダグラス・マッカーサーの日本

今回、考えたいのは、このような敗戦直後の日本における庶民の世界と、その日本がまさにマッカーサー元帥による絶対的な統制下に置かれていたこととの関係です。東京に進駐したマッカーサーの眼からすれば、そこにあったのは文字通りの文明の壊滅でした。曰く、「一つの国、一つの国民が終戦時の日本人ほど徹底的に屈伏したことは、歴史上に前例をみない。日本人が経験したのは、単なる軍事的敗北や、武装兵力の壊滅や、産業基地の喪失以上のものであり、外国兵の銃剣に国土を占領されること以上のものですらあった。幾世紀もの間、不滅のものとして守られてきた日本的生き方に対する日本人の信念が、完全敗北の苦しみのうちに根こそぎくずれ去った」のです(ダグラス・マッカーサー『マッカーサー大戦回顧録』)。

ですからマッカーサーがこの国ですべきことは、この無に帰した国土へのアメリカニズムの徹底的な注入となるはずでした。彼は、一九四五年九月二日の米戦艦ミズーリ号上での降伏文書調印式の際、敗戦国日本の未来について、「われわれはいま、新しい生命への入口に立っている。この先どれほど大きいパノラマが展開されることになるかは、まだだれにもいえない。しかし、そのパノラマは地平線の向う側、まさに目と鼻のところまでやってきている」と述べています。そして彼は、日本軍との戦闘で死んでいった部下に思いを馳せ、彼らこそは「アメリカニズムの真の推進者」であり、日本が降伏した今、「米国民の前途には自由と繁栄と幸福が待っている」との信念を吐露していました(同書)。一九世紀を通じた西漸運動、ペリーの遠征、太平洋戦争を経て、アメリカはついに東洋に大いなる橋頭堡を築いたのです。

その三日前の八月三〇日、マッカーサーは輸送機バターン号で厚木飛行場に降り立ちます。「バターン」とは、日本軍がフィリピンに侵攻した際、米比軍(アメリカ極東陸軍)が最後まで戦った半島の名です。このバターン戦の後、マッカーサーはオーストラリアに逃れ、投降した約七万六〇〇〇人の米比軍に日本軍が強いた「死の行進」で、約一万人が命を落としたとされます。つまり「バターン」は、日本に対する屈辱と怨嗟の記憶と結びついた名前でした。

マッカーサー自身、人生の多くの時間をフィリピンで過ごしてきたことから、日本は長く最大の脅威であり、日本の帝国主義を抑え、アメリカ中心の支配秩序をアジアに打ち立てることが大きな関心事でした。彼は、若くして陸軍の参謀総長という高い地位に登りつめながら、ニューディール政策とは相容れず、本国から遠く離れた植民地フィリピンを拠点にアメリカの覇権を代表する地位を築いてきたのです。したがって、マッカーサーによる日本占領は、彼のフィリピンでの四年近くに及んだ対日戦の延長線上で始まったのです。

実際、マッカーサーはその大戦回顧録の中で、「私の作戦計画は一貫してフィリピンに主要目標を置いていた。私は太平洋戦争の当初から、この戦略的な群島は膨大な日本軍占領地域の要」と見ていたと述べています。彼にとって、「南西太平洋地域の作戦計画では常にフィリピンが究極の目標となっていた」のです。マッカーサーによれば、軍略的には「フィリピン群島の空海の基地を押える者は、必然的に日本の産業への主な補給の動脈を押えることになる。この動脈を切断すれば日本の資源はたちまち干あがり、日本は前進してくる連合軍に対抗するだけの戦力が維持できなく」なる見通しがありました(同書)。実際、連合軍のマニラ入城は一九四五年二月、その後、三月の東京大空襲、四月から六月にかけての沖縄戦、八月の原爆投下と日本の無条件降伏というように、対日戦は一挙に終幕に向かいます。

本書冒頭で説明したように、マッカーサー家とフィリピンの深い関係は、世紀転換期の米西戦争まで遡ります。一八九八年、この戦争に勝利したアメリカは、フィリピンの植民地支配をスペインから引き継ぎます。これに対し、自由と独立を求めるフィリピン人の抵抗運動が燃え広がり、アメリカはこの運動を徹底的に弾圧したのです。多くのフィリピン人を殺戮したこのアメリカの「汚れた戦争」で、将兵たちの頂点にいた一人がダグラスの父親、アーサー・マッカーサー准将でした。フィリピン独立軍との戦いでは義勇軍師団長として活躍した彼は、フィリピン駐留米軍の司令官となっていきます。アメリカの植民地であるフィリピンで米軍司令官ということは、実質的なフィリピン総督です。その三男がダグラスで、彼はフィリピン総督の子から、やがて第二次大戦後、実質的な日本総督となっていくのです。

エリート軍人一家という家庭環境は、ダグラス・マッカーサーの人となりに大きな影響を及ぼしていたと考えられます。第一次大戦でヨーロッパ戦線に参加した彼は、相手への効果を計算し、意図的に自分を危険にさらし、身を守る防具を故意につけず、独特の帽子、乗馬鞭、セーター、長いマフラーといった服装をするなど、他人の注意をひく工夫を凝らしていたそうです（マイケル・シャラー『マッカーサーの時代』）。こうした自己顕示欲だけでなく、ダグラスは日本占領の様々な場面で、フィリピンを実質的に統治した父アーサーのことを思い浮かべていました。日本占領初期、それまでの軍事だけでなく、占領地であらゆる政策を統括することになったとき、彼は「輝かしい経歴をもつ私の父から教わった教訓、父がフィリピン軍事総督だった時の経験から生まれた教訓を、思い起そうと」努めています(マッカーサー、前掲書)。

他方、マッカーサーの自己演出的な傾向は、すでに厚木飛行場に降り立った瞬間から遺憾なく発揮されていました。彼は、バターン号のタラップから降り立つ瞬間の自分の姿を周到に計算していました(図6-2)。そもそもこの日の到着に際し、彼は日本政府の出迎えを断っても、新聞記者団には取材を認めています。多数のカメラが取り囲む中でタラップに立つと、彼は一瞬立ち止まり、カメラマンのためにポーズをとります。軍服に身を包み、サングラスに軍帽、コーンパイプといういで立ちは、敗戦国に降り立つ指揮官にふさわしく見えたはずでした。

ところが、日本の新聞各紙は、マッカーサーがこれほど意図的に演出した新たな支配者としての風貌の写真を紙面に採用していません。翌日の新聞に掲載されたのは、マッカーサーとアイケルバーガー中将が微笑む何の変哲もない写真でした。それどころか、マッカーサー到着は戦後日本にとって決定的な出来事であったにもかかわらず、翌日紙面のトップ記事にすらなっていないのです。朝日新聞の場合、トップに来ているのは、東久邇宮内閣が民意を直接聞くために広く国民に政府への投書を呼びかけるというニュースです。つまり日本の新聞各紙は、新たなる日本の支配者の到着を、いまだ認めていないかのようだったのです。

敗戦日本の支配者としてのマッカーサーの姿を大多数の日本人の目に焼きつけたのは、もちろんそれから約一か月後の九月二七日、マッカーサーのもとを訪れた昭和天皇との会見写真(第6講扉参照)でした。この写真に並んだマッカーサーと天皇は、多くの点で戦後の不均等な日米関係を表象しているとされました。すなわち、長身のマッカーサーと小柄な天皇、年長のマッカーサーと若い天皇、普段着のマッカーサーと正装の天皇、リラックスした姿勢のマッカーサーと直立不動の天皇、口を結んでカメラを正面から見据えるマッカーサーと顔が反って焦点の定まらない天皇など、すべての点で、「大人」のアメリカと「子ども」の日本、「男性的」なアメリカと「女性的」な日本という関係が示されていると受けとめられたのです。

図 6-2　厚木飛行場に降り立つマッカーサー

九月二九日の新聞の第一面に掲載さ

れるこの会見写真について、占領軍と当時はまだ存続していた内閣情報局の間で厳しい衝突があったことも知られています。というのは、二八日のうちに会見写真は日本の新聞社に流れ、二九日の一面に掲載されていくのですが、衝撃的な写真に驚いた情報局は、これらの新聞を配布禁止の処置にします。するとこの措置に占領当局が激怒し、「新聞及言論ノ自由ヘノ追加措置覚書」を二七日付に遡って発令し、配布禁止措置を解除させるのです。そしてこの一件が、内閣情報局の解体を決定的なものにします。

マッカーサーは、この会見写真が日本国民に与える衝撃を十分に計算していました。だからこそ彼は、写真撮影の際、自分のポーズを最初から決めていたのです。北原恵は、この時に連続的に撮影された三枚の写真の微細な差異を検討し、「三枚の会見写真はすばやく短い間に撮られたと考えられるが、その間にも天皇が二枚の没バージョンに見られるように、両膝をがっくり脱力させるなど身体の変化を見せているのに対して、マッカーサーは両肘を張ったまま一瞬も全身の力を緩めていない」ことを見破っています（北原恵「表象の〝トラウマ〟」）。写真では、見かけ上はマッカーサーは天皇よりもくつろいでいます。しかし、このくつろぎは人工的なものので、カメラの前での周到に計算された演技だったのです。そのようなポーズを意識的に作ることで、マッカーサーは、占領者としての「アメリカ」を入念に演じていました。

他方、天皇は、小刻みな姿勢の変化や思わず口を開いてしまっていることが示すように、突然、至近距離で写真を撮られることに慣れていません。会見写真の撮影は、マッカーサー側では周到に準備された出来事でしたが、昭和天皇にとっては突然でした。天皇からすれば、彼は元帥に話をしに来たのであって、写真を撮られに来たのではないはずでした。そもそも戦前、天皇の写真は、数十メートル離れた距離からしか撮影ができなかったようです。それが突然、至近距離にカメラマンが現れ、フラッシュがたかれ、バシャバシャと撮影されたのです。

占領期日本における「マッカーサー」の不在

昭和天皇との会見写真は、多くの日本人にとって衝撃的なものでしたが、マッカーサーはこれ以降も頻繁に日本の新聞に登場したわけではありません。事態はむしろ逆で、当初は最高司令官としての自分の姿を敗戦国民に示していくことに意識的だったマッカーサーは、この会見以降、昭和天皇との関係が確立すると、日本のメディアや人々の前にほとんど自分の姿をさらさなくなっていったのです。もちろん、占領期を通じ、マッカーサーはこの国のいかなる為政者も持ち得なかった強大な権力を保持したわけですから、新聞や雑誌が「マッカーサー」に言及することは頻繁にありました。マッカーサーは、しばしば声明や談話、書簡などにより自分の意思を首相や政府の要人に伝えていましたから、そうした声明や書簡について報道することで、この最高権力者の意向がどこにあるかをメディアは絶え間なく伝えていました。

しかし、圧倒的な権力を保持していたにもかかわらず、マッカーサー自身は意外なくらい日本人の前に姿を見せてはいませんし、彼の写真が広く流通していくこともなかったのです。こうした状況は、マッカーサーの顔や姿が何度も切手のデザインとなり、彼の像が彫りこまれた銀貨まで鋳造されたフィリピンとは大きく異なります。実際、マッカーサー像は、フィリピンやアメリカ、そして韓国でも記念切手になっていますが、日本でだけはマッカーサー切手は発行されていません。あるいは、『タイム』誌ではマッカーサーが八回も表紙を飾っているのに、日本の主要な雑誌で、占領期にマッカーサーを表紙で描いた例はありません。マッカーサーについての話題はいくらでもあったのに、メディアはそれらをニュースソースとすることを避け、マッカーサー自身も日本のメディアに自分から姿を現すことを避けていました。

この支配者の姿の意図的な背景化の理由には、消極的なものと積極的なものがありました。一方で、この「不在」は、占領体制の中で推進されたメディア検閲と関係があります。占領軍は、メディアに対して言論・表現の自由の重要性を強調しながら、その表現の隅々にまで及ぶ厳しい検閲を課していました。しかもこの検閲では、禁止事項に、検閲の事実をけっして公式に示してはならないという項目が含まれていたのです。出版業者たちは、出版物に「検閲の具体的証跡を現わさぬ」よう命令され、「係官の事や執務状況に関する記事を公表する事」は許されませんでした。それればかりか検閲官は、メディアに「占領軍」の姿が登場すること自体を避けさせ、まるで日本には占領者がいないかのように語らせようとしました。

日本が占領されているという事実自体をメディアの表面から消去していくこの検閲は、これまでも様々な立場から論じられてきました。たとえば江藤淳は、占領軍による狡猾な検閲の効果として、戦後日本人の想像力が「閉された言語空間」に監禁されたと述べました。江藤によれば、占領軍は検閲による排除を通じ、「敗戦とともに日本に多くの自由が与えられ、開かれた言語空間が出現」したという擬制を日本人の間に浸透させたのです。彼らの検閲は、「真の実感のかわりにつくり上げられた「実感」を、あるいは真の常識を蔽いかくす見せかけの「常識」を、日本人のあいだに普及させること」を狙い、成果を上げました。江藤の考えでは、戦後の「自由」や「民主主義」についての言説は、すべてこの最初の排除を通じて創り上げられた擬制の中の出来事なのです(江藤淳『落ち葉の掃き寄せ』、『閉された言語空間』)。

このように、占領軍の検閲によって徹底的にメディアから消去されたのは、まさしく占領軍自体の姿でした。少なくともメディアには、まるで占領軍などいないかのような風景が広がっていたのです。平野共余子が紹介するエピソードでは、父親の仕事で青春時代を占領下の日本で過ごした映画史家ジョセフ・L・アンダーソンは、清水宏監督の『蜂の巣の子供たち』(一九四八年)を見たとき、「占領軍の存在の跡を消し去る」努力が懸命になされているのに驚いたそうです。「当時、大きな鉄道の駅は占領軍の兵士で溢れていたにもかかわらず、その映画では鉄道の駅の場面で、そのような気配がまったくないばかりか、当時あらゆるところに見られた"RTO"(military Railroad Transportation Office＝軍事鉄道輸送部)の掲示さえ見えな」かったのです(平野共余子『天皇と接吻』)。こうして検閲の事実自体を検閲し、占領者の姿を見えなくすることで、戦後日本には、あたかも自分たちだけで自足しているかのような表象空間が作り上げられたのです。

以上からすれば、占領期日本のメディアにおける「マッカーサー」の不在の一方の理由は明らかでしょう。米軍兵士やジープ、基地施設から英語の標識のような些細なものまで、検閲によってメディアから徹底的に消去されていたわけですから、この検閲を検閲する体制の頂点に立つ最高司令官が、自分だけは例外とばかりにその威厳を敗戦国民にひけらかしていいはずはありません。もちろん、マッカーサーは強大な権力を行使していましたから、当時の日本人は彼の圧倒的な存在を意識していたはずです。しかし占領軍は、メディア上においては、マッカーサーの姿を顕示するよりも隠蔽することにはるかに熱心だったのです。

舞台上の「天皇」と舞台裏の「元帥」

しかし、占領期日本での「マッカーサー」の背景化には、より積極的な理由がありました。ポイントは、占領期のメディア上で姿を見せなくなった統帥者マッカーサーの場所が、いったい誰によって補われていったのかです。答えはすでに明らかで、一九四六年一月一日の「人間宣言」以降、マッカーサー元帥ではなく昭和天皇が、あたかもいまだ日本の中心にいるかのような存在として舞台の前面に躍り出ていったのです。この主役交代について先ほどの平野は、「占領軍の指図で、天皇は皇居から庶民のところへ出向いて、国民と同じ人間であることを強調したのに対して、マッカーサーは広く旅行することもなく、ますます総司令部の奥深くに閉じこもり、会見する日本人の数も絞っていた」と述べています(同書)。

占領期に精力的に進められていく「人間天皇」の現前化戦略において、最も重要な流れとなったのは一連の地方巡幸です。一般にこの巡幸は、宮内省と天皇自身を中心にする勢力が、計画に否定的な外務省を押し切って占領軍の承認を得、実現させたと言われもします。しかし、本当に巡幸実現に熱心だったのは占領軍でした。それは、マッカーサーに代えて昭和天皇のイメージを新しい支配体制の要の位置に据えようとする占領軍の意向と一致します。

こうして一九四六年二月に戦災復興・引揚者の援護状況視察を目的になされた神奈川県への行幸を皮切りに、群馬県、埼玉県、千葉県、静岡県などへの行幸がなされ、同年一〇月には愛知、岐阜両県への一週間の巡幸も行われました(図6-3)。翌四七年は、六月に京都、大阪、兵庫、和歌山への巡幸、八月に宮城、岩手、青森、秋田、山形、福島への東北巡幸、一〇月に新潟、長野、山梨、福井、石川、岐阜への北陸・上信越巡幸、一一月には鳥取、島根、山口、広

図 6-3　天皇行幸を迎える人々．手前に米軍カメラマンが見える

島、岡山への中国巡幸と、天皇は本州のほとんどを廻ったのです。次いで四九年には九州巡幸、翌五〇年には四国巡幸、五一年には京都、滋賀、奈良、三重への巡幸が続けられます。

これに並行して、新聞や雑誌には大量の「人間天皇」の写真や記事が掲載されます。地方巡幸の先々で、地元新聞社だけでなく米軍関連の多くのカメラマンが随行し、天皇の立ち居振る舞いを撮影しました。写真、映画、新聞などあらゆるメディアが動員されたのです。

そして、この戦後巡幸に対する人々の奉迎や新聞報道を検討するなら、戦前との断絶よりもむしろ連続性が際立ってきます。たとえば、保坂正康が一九四六年二月の神奈川行幸について検証した報告は、奉迎体制や帰還兵士の心情において、各地で天皇が戦前と同様の仕方で受けとめられたことを示しています。保坂によれば、天皇一行が横浜の大口商店街に近づくと、商店街の両側は歓迎の人波で埋まり、先頭には商店街の旦那衆が立って列を整理していました。彼らは自警団代わりに駆りだされたものでした。この神奈川行幸以降、行幸は大掛かりとなり、地域の政治家も動員するようになっていきました(保坂正康「天皇、天降る日」)。

とりわけ天皇が訪れた地方の地方紙では、来訪した天皇の一挙一動に関心が向けられ、詳細な報道が大々的になされていきました。すでに清水幾太郎は、一九五三年というきわめて早くに、戦後巡幸に戦前からの連続性が見出されることを見抜いていました。彼が注目したのは、巡幸の新聞報道が、全国紙では第二面の片隅に小さく載る程度でも、地方紙では「数日間に亙って全紙面を巡幸のために献げている」ことです。また彼は、巡幸の警備が東京への近さに比例して厳重になることにも目を向けていました(清水幾太郎「占領下の天皇」)。

しかし実際には、行幸した天皇の演技はどこでも退屈なものでした。多くは現地の役人が視察地の状況を説明し、天皇は「うん、うん」と目をしばたたきながら耳を傾けます。説明が終わると、「ますます努力してもらいたいね」といった言葉をかける繰り返しでした。住民側も、「陛下が来てくださる、それだけで私達は今までの苦労を忘れます」といった定型的な感謝に終始します。それでも多くの巡幸先で、感極まった住民が「手をとり合ってワッと泣き出す、居並ぶ部落の人々も眼から一斉に涙が流れ」、あるいは「老婆も、若い婦人も、また白衣に身をつつんだ傷痍軍人など声をたてて泣き出」したと、多くの地方紙が報道していました。

戦後、「人間宣言」をして人々の前に非常に頻繁に姿を現すようになった昭和天皇のパフォーマンスとその受容は、だいたいこのようなものでした。しかしながら、このような昭和天皇の再登板に強い反発がなかったわけではありません。事実、左派系の雑誌は、占領期を通じて昭和天皇を糾弾し続けました。たとえば『真相』は、一九四六年三月に創刊号を出し、瞬く間に二万部を完売、その後も成長を続けて最盛期は一〇万を超える販売部数を誇った雑誌です。共産党の強い影響下に出され、当初は天皇批判に執念を燃やしていました。とりわけ「天皇」に関するゴシップは同誌の独壇場で、「ヒロヒト君を解剖する」「ヒロヒト一家の配給生活探訪記」「天皇はチフス菌である」などの記事のタイトルにもそれが表れています。

『真相』の批判的スタンスは明白ですが、記事はゴシップの域を出るものではなく、やがて週刊誌や女性誌に溢れる皇室報道の先駆をなします。たとえば、一九五〇年七月に出た号では「天皇家の大秘密　ヒロヒトを父に持つ男」と題してご落胤譚をスクープしています。この記事は、佐世保に住む二八歳の青年が、昭和天皇の落胤として生まれながら、「絶対権威の保持のために、片足を切断され、梅毒菌を注入され、四六時中数名のスパイに監視尾行され、しかも妻までがスパイであった」という怪しげな語りです。青年は実母を知らず、銘酒屋を営む継母に育てられ、ご落胤であることは幼い頃に仲居の老女や叔母たちから聞かされたとのこと。やがて数々の迫害に遭う中で、自らの出生の秘密を信じるに至ったそうです。ここでは作り話がことさらにショッキングな内容に仕立てられ、それが軍都に結びつけられています。

「天皇」としての「元帥」を願望する

敗戦後、人々は以前よりも自由に天皇について語るようになっていましたが、それでも占領軍は、日本人の天皇への強い信憑は利用価値があると考えていました。だからこそマッカーサーは、昭和天皇との会見で彼が従順なのを確認すると、自身は舞台裏に隠れ、「人間宣言」した天皇を舞台前面に立たせる戦略を選んだのです。マッカーサーからすれば、戦後日本人が相変わらずこの天皇との関係で自分のアイデンティティを再構築してくれるなら、占領の目的は十分円滑に達成されるはずでした。その一方で、多くの日本人は、すでに天皇は飾りもので実権はマッカーサー元帥にあることを知っていました。彼らからすれば、「天皇」の位置はすでに「元帥」に代わられており、交渉は直接この元帥を相手にすべきと思われていました。

このようなわけで、大量の日本人がマッカーサー元帥に手紙を送り始めます。一九四六年九月から五一年五月までの記録されているものだけで約四四万通、四六年八月以前についての推定も含めると約五〇万通が、敗戦国の国民から占領軍総司令官に宛てて出されました。

日本人からの投書を受け取ったGHQは、担当官がすべてを読み、英文要約を作り、重要と見なされたものは全訳しました。投書は軍事諜報に関わるものと位置づけられ、被占領国の実情を知る上での情報とされたのです。マッカーサーは、第一生命ビルにあった総司令部の密室で毎日のようにこれらの手紙を読んでいたとも言われます。彼は自分で気に入ったものを選び出していて、その約三五〇〇通が、バージニア州にあるマッカーサー記念館に収蔵されているそうです。マッカーサーは、自らの姿が被占領国の国民の前にさらされるのを避けながら、日本人の心理や内情を探り、彼なりの日本人像を作り上げていたのです。

占領期を通じてマッカーサー宛てに出されたこの膨大な数の手紙については、袖井林二郎による長年の研究があります。袖井はそれらを通覧し、「世界史に数多い占領の歴史のなかで、外来の支配者にこれほど熱烈に投書を寄せた民族はない」と総括します（袖井林二郎『拝啓マッカーサー元帥様』）。それらは自発的に書かれたものです。占領期、日本人の多くは自ら欲して「外来の支配者を自分に対立する異物としてでなく、自分の側に取り込んでしまう、あるいは、身をすり寄せていって占領者と一体化」する行為を国民的規模で展開したのです（同書）。

もちろん、これらの手紙は支配者への単純な従属意識だけでは片づけられない複雑な心理も表出していました。ジョン・ダワーが指摘したように、個々の手紙は単なる個人崇拝の証拠ではなく、「かつて一度も経験したことのない敗北の「空間」に身をおくことになった日本人が、この空間を新しい自己表現で満たそうと活発に行動したこと」も示しています（ダワー『敗北を抱きしめて』）。人々はマッカーサーの権威にへつらう手紙を送りながら、それぞれの語りにおいて、単なる「東洋的服従」には還元できない多様な欲望をうごめかせてもいました。彼らは、戦中期までの絶対的な権威による強制から解放された自分を表現をしながらも、そうした権威によって培われた感情を引きずっていました。敗戦国の人々は占領軍を迎え、新体制を寿《ことほ》ぎ、旧体制からの根深い連続性を残す仕方で新しい自己を表現しようとしていたのです。

当時、実に多くの手紙で、占領は「慈悲」、マッカーサーは「父」のような存在だと語られていました。ある者は、「如何なる人物が大臣となり何人が政府を定めましても国民の事考へ呉れず　日本人は全部自己の為のみ考へ」ますので、「日本全国民及子孫のため米国の支配を受ける方将来の日本の幸福」と語り（袖井、前掲書）、またある者は、「どん底の日本を救う途はすべてをアメリカに託す「日米合邦」以外にない」と主張していました。さらに、「みじめなる日本を再び以前の如く栄えさして下さるのは貴国をおいて他になく日本国民の貴国に対する信頼感は日本国の全べてを貴国に託して閣下の御指導に御縋り」すると書く者もいました。この人物は、「現在の日本国民は誰も彼も米日合併によりて何も彼も貴国に捧げて貴国の御慈悲によりてこの日本国を再び繁栄に導く」べきだとすら述べていたのです（同書）。

袖井が指摘するように、投書全体を通じ、日本を「米国の属国になし下され」とか、「アメリカの一州にして欲しいと、マッカーサーに真剣に要望する手紙」は少なくありませんでした（同書）。しかも、矛盾に満ちているのですが、そうしたアメリカに全面的に帰依していこうという傾向は、天皇制擁護論者にも、廃止論者にも、等しく見られたようです。たとえば、袖井が紹介するある天皇制廃止論者は、「日本人の国民性として天皇は民主主義の邪魔になる」から廃止すべきと主張しつつ、米兵が引き揚げれば、「再び悪者達が人民を苦しめ」るに違いないから、「日本を永久に占領」してほしい、「なるべくならば〔アメリカの〕殖民地にして下さい」と懇願しています(同書)。他方、この天皇制廃止論者とは正反対の立場と思われる元特攻隊員は、「共産主義ボクメツ」のために米軍パイロットとなることを志願していましたし、別の人物は、「進駐軍に対する反感、命令違反等」が絶えないので、自分は「進駐軍の為に日本及び日本人を売る事など平気で働くつもり」だから、ぜひ自分を日本社会に潜伏する米軍の「日本人探偵員」にしてほしいと売り込んでいました(同書)。

結局のところ、戦後日本人はマッカーサーに、自分たちの存在に新たな意味を与えてくれる超越的な力を見出したのです。これは、かつて人々が天皇に向けていた信憑と同じです。このまなざしは、占領軍の圧倒的なプレゼンスとこの時代の日本人の感情の構造が結合していったとき、それまでの天皇制的な感情が部分的に変形されることで析出されたものでした。

その変形された感情とは、要するに権力ある者に一体化していこうとする願望です。非常に多くの日本人が、繰り返された空爆や沖縄戦、広島・長崎への原爆投下によって膨大な数の日本人を無差別殺戮した米軍に対し、なかでもその頂点に立つマッカーサーに対し、戦争が終わった次の瞬間から媚びへつらい、身をすり寄せ、忖度し、ほとんど一体化しようとしたのです。この急激な、国民的規模での変節に驚いた人も多かったはずだと思いたいですが、マッカーサーその人は、まったく驚きませんでした。なぜならば彼は最初から、東洋人はそのような人種だとみなしていたからです。彼は、「東洋人は勝者にへつらい敗者をさげすむ習性がある」と日頃から語っていました。人種的偏見ですが、敗戦後の日本人は、この露骨な人種的偏見の「正しさ」を実証するかのように彼には思える実例を提供したのです。

しかし実は、これらの例は、マッカーサーの偏見の「正しさ」ではなく、黒船来航以来、欧米化＝近代化の道を突き進んだ近代日本が抱え込んでいった日本人自身のアジア蔑視の人種的偏見とマッカーサーの人種主義との共振を示していたように思われます。ジョン・ダワーは、袖井の本への解説で非常に重要な指摘をしています。つまりもし、「第二次大戦に続く敗戦日本の占領が、アメリカ人でなく中国人によって行われた」としたら、日本人はこの新たな占領者に対してどのような態度を示したかという問いです。日中戦争は日米戦争よりも長く、後者でのアメリカ人の死者は約一〇万人だったのに対し、前者で死んだ中国人は一五〇〇万人以上ともされます。明らかに、中国が日本によって受けた被害の大きさは、アメリカが受けた被害の大きさの比ではありません。しかし、それでももし中国人ないしアジア人の総司令官が日本占領政策を指揮していたら、果たして日本人はマッカーサーに示したほどの従順さを示したでしょうか。

答えは、明らかに「ノー」だとダワーは言います。日本人のマッカーサーに対する過剰なまでの従順さは、実は明治以降の日本人が深く身に着けていった人種主義の裏返しです。一九世紀半ば以降、日本人は自分たちも「欧米人」のようになろうと必死の努力を重ね、「アジア人」を蔑視し、自分たちは「アジア人」ではないことを証明しようとし続けました。その結果、とてつもない数のアジア人を殺戮しながら、敗戦後、そのことを忘れ、とてつもない数の日本人を殺戮したアメリカに媚びへつらうことをやめませんでした。戦前も戦後も、多くの日本人にとって「アメリカ」は価値の規範であり続けたのです。

つまり、「一九四五年八月以後外国からの征服者を日本人が抱きしめたということは、「西洋文明」として知られ人の心をそそる摑まえどころのないキメラと、近代日本との騒然たる出会いのサイクルの最新版にすぎない」のです。まさにこの出会いにおいて、「マッカーサーは偉大な白人宣教師と化し、神格化された白人の英雄」となったのでした(同書)。

第7講

アトムズ・フォー・ドリーム

——被爆国日本に〈核〉の光を

日比谷公園での原子力平和利用博とその行列.
『読売新聞』1955年11月6日夕刊より

老将は去り、部下が核のボタンを握る

一九五一年四月一一日、東京にいたマッカーサー元帥は、トルーマン大統領によって自分が連合軍司令官を解任されたことを知ります。突然の解任でしたが、トルーマンとマッカーサーの不仲は少し前から限界に達していて、破局は予期された結末だったとも言えます。吉田茂ら日本の保守層は元帥を強く支持していましたが、彼らとてどうすることもできませんでした。マッカーサーは羽田空港から帰国の途につき、数日後にはワシントンに姿を現します。

そこで彼は、英雄として熱烈な歓迎を受けたのでした。上下院での退任演説の後、彼が市内をパレードすると、数十万人のワシントン市民が集まり、歓声と拍手を送りました。翌日、彼はニューヨークのマンハッタンをパレードし、そこにはアイゼンハワーがヨーロッパ戦線から凱旋したときの数倍の観衆が集まり、マッカーサー・グッズも飛ぶように売れたそうです。これらは、彼が翌年の米大統領選で共和党候補となるための布石のはずでした。

もともとマッカーサーが米大統領選挙に大いなる意欲を持っていたのは、一九四八年の大統領選でした。しかし、このときの共和党予備選挙の結果は惨敗でした。ところが四年後、解任されての帰国直後、アメリカでの彼の人気はうなぎ上りだったのです。しかし、大統領選は翌

五二年で、まだ時間がありました。そうした中で公聴会や各地の集会でマッカーサーは熟慮を欠く発言を重ね、彼自身が二〇世紀の米大統領という複雑な職務をこなすには不適格であることを露呈させていきます。共和党支持層での彼の人気は萎み、予備選の有力候補から脱落していくのです。おそらく、もしも彼が、自身の帰国時の熱狂を予備選に合わせ、もう少し遅くに帰国していたら、彼が共和党大統領候補となった可能性もなかったとは言えません。

一九四八年の時点ではアメリカ国内で不人気だったマッカーサーが、五一年になると人気絶頂となる背景には、トルーマン大統領の不人気に加え、ソビエトとの冷戦が深刻化し、よりタカ派の軍人にアメリカ人の期待が向かっていた事情があったのではないでしょうか。

結局、五二年の大統領選で選ばれたのは、やはりタカ派の軍人でも、実務能力に長け、複雑な状況でずっと上手に振る舞えるかつてのマッカーサーの部下、ドワイト・D・アイゼンハワーでした。両者の違いは、一方のマッカーサーがかつてのマシュー・ペリーと同じように軍人一家の生まれだったのに対し、アイゼンハワーは貧しい家庭からのたたき上げで、組織の調整に優れた能力を発揮してきたことです。彼がマッカーサーの部下だったのは、マッカーサーの陸軍参謀総長時代で、その後、フィリピン軍事顧問となったマッカーサーは、実務的に有能なアイゼンハワーを連れていきました。当時、マッカーサーは参謀総長、アイゼンハワーは少佐ですから、かなり階級差があります。しかし最終的に、山の頂点しか知らなかったマッカーサーではなく、たたき上げのアイゼンハワーが米大統領に選ばれたのです。

彼は高い調整能力で出世した人で、タカ派の面と相手を懐柔していくソフトな面を共存させていました。そのタカ派的側面を代表するのが、彼が副大統領のリチャード・ニクソンや国務長官のジョン・フォスター・ダレスと進めた全世界の米軍基地への核配備です。彼らには計算があり、米軍基地を核武装させることで、膨大な維持費がかかる通常兵力から、核兵器で相手を威嚇する、より「経済的」な「ニュー・ルック作戦」へとアメリカの軍事戦略を移行させたのです。こうして一九五四年春までに、「戦略航空司令部の戦争計画では、ソ連攻撃には六〇〇から七五〇発の核爆弾を使用し、ソ連を「二時間で灰と放射能でおおわれた廃墟」にするとなった。これによると、一一八の都市の人口の八〇パーセント、すなわち六〇〇〇万人を殺害することになっていた」そうです（ピーター・カズニック、田中利幸『原発とヒロシマ』）。

さらに彼らは、それまで原子力委員会の下にあった核兵器の管理権を軍に移し、共産圏への「大量報復戦略」を準備し、同盟諸国の前方基地にも戦略核兵器を配備しました。その結果、NATO諸国で核の大量配備が進み、全体で七〇〇〇発もの核兵器が配備され、沖縄にも八〇〇発近い核兵器が配備されたと言われています。こうしてアイゼンハワー政権は、それらの核兵器の実戦使用を仄めかしすらしました。朝鮮戦争の停戦交渉が長引いた際、大統領は「北朝鮮の開城が攻撃目標として適当ではないかと提案した。統合参謀本部は、かわりに中国を原爆攻撃するほうを勧め、国家安全保障委員会もこれに賛成した」とされます。さらに彼らは、「共産圏の指導者たちがこの核攻撃の危険性をはっきり知るように」、核弾頭を搭載した爆撃機B36を二〇機、沖縄の嘉手納基地に集結させて報道関係者に公開しました(同書)。

しかし、すでに一九四九年八月、ソビエトも核実験を成功させ、五三年八月には水爆と思われる実験もしていました。米ソの核兵器配備が同時並行で進むことで、核戦争におけるアメリカの圧倒的優位は揺らぎつつあったのです。ここでアメリカがさらに核攻撃への一歩を踏み出すことは、「アメリカの勝利」よりも「世界の破滅」となると予見されました。

アメリカ政府内でも、核兵器で相手を威嚇するだけでなく、原子力の別の側面が強調されなければならないことが議論されていきます。一九五二年一〇月、米国防省で心理戦の指導をしていたステファン・ポッソニーは、水爆開発が「アメリカ帝国主義の残虐性」に対する恰好の攻撃対象となるかもしれないと注意を促します。ポッソニーは、アメリカの核戦略が諸外国の存在自体を危うくしかねない脅威とみなされる可能性が高く、それを緩和するには原子力の「非軍事的」な利用が推進されていくべきだと主張しました。原子力は、「破壊」の具である以上に「建設」の具であるはずだとされたのです(K. Osgood, *Total Cold War*)。

他方、アイゼンハワーが大統領に就任したとき、アメリカの水爆開発は着々と進展していましたが、この情報は極秘でした。やがて秘密にしきれなくなると、政権は共産主義からの核攻撃の危険性を強調することで、巨大な軍事力で自国を守ることを正当化します。「率直（Candor）作戦」と名づけられたこの作戦は、それと裏腹に核戦争に対する人々の恐怖を煽る「恐怖」の効果を伴っていました。しかし、同時代のマッカーシー旋風がまさにそうであったように、敵からの攻撃の危険を強調する戦略は、短期的には世論の支持を得、軍事予算の拡大を議会で承認させるのに有効でも、中長期的に維持できる戦略ではありません。とりわけソビエトの水爆実験の情報がアメリカにも伝わると、核戦争に対する恐怖心は全世界で強まっていきました。こうして「恐怖」の戦略ではなく、「希望」の戦略が必要となります。ここでアイゼンハワー政権が新たに登場させたのが、「アトムズ・フォー・ピース」戦略でした。

アトムズ・フォー・ピース

この戦略を、アイゼンハワーは一九五三年一二月の国連総会の演説で公にします（図7-1）。これは、米政府の諸部門を巻き込んだ一大キャンペーンとなりました。その戦略を組み立てたのは米政府内の諸部門を統合させた作戦調整委員会（Operation Coordination Board）で、この組織に国務省、国防省、原子力委員会、CIA、USIA（アメリカ文化情報局）などの諸機関が参加し、ここで立てられた戦略は、国際的であると同時に国内向けにも機能していきます。

これらの機関が進めたのは、大統領の演説を全世界に広めることでした。USIAは、国連演説の原稿を世界中の新聞社に配信し、二五か国で主要紙が演説全文を紙面に掲載しました。また、演説を一七か国語に訳してパンフレットを作成、世界中に配布しました。さらにポスターは約一六〇〇万枚刷られ、ブックレットも製作され、VOA放送は、この演説を三〇か国語以上の言語に訳して放送しました。国連で大統領が演説する様子を撮影した映像も大量に複製され、三五か国にばらまかれました。

図7-1　1953年，国連総会で「アトムズ・フォー・ピース」戦略を演説するアイゼンハワー大統領

さらに国連の広報担当官は、『ニューズウィーク』誌や『タイム』誌、『ニューヨーク・ヘラルド・トリビューン』紙などの記者に演説の事前情報を流し、実際の演説がなされてからは、一万部の資料を全メディアに送りました。放送では、全米の五大テレビ・ネットワークと四つのラジオ放送網が演説の模様を中継し、一六のニュース映画社が演説全体を撮影し、それらのニュース映画が米国内外の映画館で上映されました。ユニヴァーサル映画社は、この演説についての短編ドキュメンタリー映画を製作し、四一か国語に訳して世界各地の映画館に配給しています。このアイゼンハワーの演説は、アポロ一一号の月面着

陸以前、あるいはケネディ暗殺事件以前では、史上最大のメディア・イベントでした。

これほどまでに大掛かりに広報された演説で、アイゼンハワーはアメリカが諸外国と原子力の平和利用に関する共同研究や原発建設で協力することを約束します。実際、こうして核の「平和利用」を強調し、その利益を他国に提供する姿勢を見せることは、原爆投下や核武装により脅威となったアメリカのイメージを和らげ、各国に核を受け入れやすいものにしていくのに十分な効果がありました。ソビエトに対し、もはや核兵器だけでは圧倒的な優位を保ち続けることは困難と悟ったアメリカは、原子力技術を積極的に第三世界に提供し、これらの国々と平和利用のための共同開発を行うことで、彼らを自らの陣営に取り込もうとしたのです。

他方、ソビエトも周辺諸国に原子力技術を提供しようとしていきますから、両勢力の中間地帯は、両者からの「核の売り込み」を受け、自ら核保有国への道を歩き始めようとする国々が出てきます。イラン、イラク、パキスタンなど、やがてアメリカの世界戦略にとって大きな障害となっていく国々での原子力技術導入は、当初はアメリカによって推進されたのです。

アイゼンハワー政権の立場からすれば、戦略核の配備もアトムズ・フォー・ピースも、同じ経済原理に基づいていました。同政権の見通しでは、冷戦は長期化する可能性が高く、共産圏との長期の軍事的緊張をアメリカ社会が生き抜くには、軍事費を抑えて安定的な財政を維持しつつ軍備増強を図る綱渡りが必要でした。すでに朝鮮戦争で財政赤字が膨らんでおり、これ以上、地上兵力を増強するのは困難とされていました。そうした中で、核兵器は、通常兵力に比べて維持費がかからず、圧倒的な攻撃力を有する技術でした。

しかも、アトムズ・フォー・ピースには、広島・長崎の忘却という特別な効果も期待できます。世界各地で原子力の平和利用が進んでいけば、原子力はもはや核戦争をもたらす破壊的な技術とは意識されなくなるでしょう。とりわけ二度の被爆で反核感情が強かった日本に対し、核が「戦争」ではなく「平和」の技術であることを認めさせられるなら、「被爆」の記憶を背景化し、この国に「核の傘」の一翼を担わしていくことが容易になるはずです。

他方、日本国内の保守勢力にとっても、この政策は実利を引き出しやすいものでした。とりわけ一九五〇年代半ば、アイゼンハワーの核戦略の導入を日本側で熱心に推進したのは、中曽根康弘と正力松太郎です。中曽根は当時、アイゼンハワーのアトムズ・フォー・ピース戦略を知り、「次は原子力の時代になる」との確信から、保守勢力の協力を得て原子力予算を国会で成立させ、超党派の原子力合同委員会を設置し、その後の原子力政策の基盤をなす原子力立法を手掛けていきました。他方、読売新聞社主の正力は、「原子力」が自分の影響力を拡大させる便利な材料だと理解すると、その傘下の読売新聞や日本テレビを使って原子力平和利用キャンペーンを展開し、初代原子力委員会委員長、さらに初代科学技術庁長官に就任します。

日本の反核運動を鎮静化させる方法

ところが、まさにこうした動きの中で突発したのが第五福竜丸の大量被曝でした。一九五四年三月、米軍はビキニ環礁で広島の原爆の一〇〇〇倍ともされる威力の水爆を爆発させ、周囲数百キロに大量の高濃度の放射能を降らせます。この実験で、マーシャル諸島で暮らしていた多くの住民が被曝して死に至り、その後も後遺症で苦しむことになりました。水爆実験は、アメリカの「明白な運命」の二〇世紀版だったのです。

さらにこのとき、米軍が指定していた危険区域の外側にいた数百隻の漁船が被曝しました。なかでも爆心地から一五〇キロの地点にいた第五福竜丸の被曝は甚だしく、船体には死の灰が積もり、急いで焼津に帰港するが乗員は放射線症と診断されて一人が死亡し、他の船員たちも後遺症に苦しみ続けることになります。やがて、各地で水揚げされた魚が放射能に汚染されていることが明らかになり、気流に乗って放射能が降り、野菜、茶、ミルクなどからも放射能が検出されて大問題となりました。

国際社会はアメリカの無謀な実験を強く非難しましたが、アメリカ側は、日本人患者の発病は「サンゴ礁物質の化学作用」によるものだと主張します。彼らは、第五福竜丸は米軍の指定した立入禁止区域内で操業していたと決めつけましたが、今日では同船の操業は指定区域外だったことが確認されています。さらに、米政府原子力委員会委員長のルイス・ストロースは、マーシャル諸島住民は「健康で幸福」で、第五福竜丸は「共産主義のスパイ」だった可能性があり、船長は「ロシア人に雇われていたに違いない」と語り、ＣＩＡに調査を要請しました。そしてアイゼンハワー政権の高官は、「日本の核兵器に対する感情は病的に過敏」で、「日本人は選ばれた犠牲者という選民意識を持っている」と大統領に報告したのです。水爆実験から八か月後の日米合同会議でも、米政府は被曝事故がなかったとの主張を繰り返し、従来の放射能基準の約一〇〇〇倍までを安全とみなす「新基準」を示しさえしました。

当然、第五福竜丸の被曝や漁業被害が明らかになると、アメリカの水爆実験への反発は日本社会全体に広がっていきます。なかでも、東京杉並の主婦グループが起こした原水爆禁止運動が急拡大し、やがて全人口の約三分の一に相当する約三二〇〇万人の署名が集められました。この運動の広がりは既存勢力による運動の規模をはるかに超え、世論調査でも核兵器反対は圧倒的に支持されました。日本政府は「アメリカが防衛上必要として行う実験」を支持しましたが、この政府見解は世論の反発を買うだけで、反核感情は保守層にも浸透します。

こうした放射能への国民規模での恐怖心からするならば、日本をアメリカの「核の傘」に組み込んでいくことは容易でないように思われました。冷戦や反共の大義だけでは、広島・長崎に次いで三度目の被曝をした日本人の核への恐怖を取り除くことはできなかったのです。

そうした中で、原子力の「平和利用」は、状況を転換させる有力な切り札とみなされていきます。たとえば、アメリカの国家安全保障会議の作戦調整委員会は、日本に実験用原子炉を建設して原子力の非軍事的利用に関する強力な攻勢をかけるべきことを勧告し、原子力委員会のトーマス・マレーは、広島・長崎の原爆投下を経験した日本に原子力施設を建設することは、両都市での「惨劇の記憶から我々を解き放つ劇的でキリスト教的な身ぶり」となるだろうと主張します。『ワシントン・ポスト』紙はこの考えを、「アメリカは東洋人を単なる原爆の威力を試す道具として見なしているという印象を払拭する」と称賛しました(カズニック、田中、前掲書)。

山崎正勝は、第五福竜丸の被曝に対して全国的に広がった非難のうねりを鎮めるため、アメリカがどうやって日本を「アトムズ・フォー・ピース」の流れに導いていったかを検証しています。それによれば、米軍がマーシャル諸島沖で水爆実験をしたのが三月一日、被曝した第五福竜丸が焼津に帰港したのが一四日、事件が広く報道されて反響が広がるのが一六日からですが、早くも二二日には、米国国防長官補佐官のG・B・アースキンが、事件後の日本での反米的な動きを牽制するため、日本に原子炉を建設する提案を行っています。

これは、日本における原子力平和利用キャンペーンの最も早い動きですが、彼は、第五福竜丸の事件が日本の共産主義者を大いに勢いづかせることを心配し、原子炉建設こそ、予想される共産主義勢力の行動に対抗し、「日本ですでに生じている被害を最小化する」方法だと国家安全保障会議に助言していました。山崎によれば、アースキンの提案には、日本への原子炉導入のほか、原子力平和利用博覧会の開催や核兵器に関する「間違った考えを一掃するための」小冊子配布や映画上映、科学者と企業家による民間フォーラム設置など、後に実現する多くのアイデアが含まれていました（山崎正勝『日本の核開発1939〜1955』）。

アースキンの提案から半年後の九月、トーマス・マレーは広島に原子炉を建設するというより大胆な提案を全米鉄鋼労組大会で披露しました。それまでも核開発に関与してきた彼は、北米で実験用原子炉からの送電が最初に行われたアイダホ州の町を訪れた際、原子力発電の将来性を実感し、アメリカは進んで原発を電力不足に苦しむ「持たざる国々」に輸出していくべきだと主張しました。なかでも原爆の悲惨な記憶と強い恐怖心を持つ日本の広島は、原子力平和利用の効果をはっきり確認できる最適の候補地でした。ですから当時、広島は、原爆においてアメリカの殺戮兵器の効果を測定する実験台にさせられただけでなく、原発においてもイデオロギーとエネルギーの両面の効果を測定する実験台にされようとしていたのです。

アトムズ・フォー・ピース戦略が世界規模で展開された背景には、米大企業の商売上の思惑も隠されていました。米海軍で原子力潜水艦の開発を指揮したハイマン・G・リッコーヴァーは、アイダホ州の軍研究所で沸騰水型の「マークI」原子炉を開発した後、この原子炉が原子力潜水艦のみならず、原子力発電所にも活用されるべきだと考え、やがて米国初の商業用原子炉となるシッピングポート原発をペンシルヴェニア州に建設しました。この海軍の原子炉開発にはゼネラル・エレクトリック(GE)やウェスティングハウス、ゼネラル・ダイナミクスなどの企業が参加し、このときのノウハウは、これらの企業が原子力産業へと発展する足がかりとなります。アイゼンハワーは、早い段階から大企業の原子力技術開発への参入に熱心で、同政権下、アメリカ議会に設置された原子力委員会は、初の商業用原子炉開発の計画を策定していました。したがって、「アトムズ・フォー・ピース」には、アメリカの原子力技術を海外の発展途上国に供与するだけでなく、国家の軍事技術であった原子力を民間が商業的に活用可能な技術としていこうとする意図もあったわけです。

日本のメディア産業と原子力平和利用

そしてここでも、アメリカの核戦略や原子力産業の思惑と日本側でそれを利用しようとする人々の思惑が一致していました。正力松太郎の腹心だった柴田秀利が語るところでは、彼はCIA局員であったことが後に判明するD・S・ワトソンなる人物と接触し、「原子力平和利用民間使節団」の日本招聘を提案したそうです(柴田秀利『戦後マスコミ回遊記』)。

これはしかし、やや怪しい述懐です。山崎が論証したように、アメリカ側はそもそも原子力平和利用について日本でもキャンペーンを展開したいと考えており、日本の政財界人と懇談していました。柴田や正力がしたことはアメリカ側の意向を日本の政財界につなぐことでした。そうしたアメリカ側のイニシアティブで、一九五〇年代の原子力平和利用博を共催していくのは、名古屋では中日新聞、京都や大阪では朝日新聞、広島では中国新聞、福岡では西日本新聞、札幌では北海道新聞、仙台では河北新報というように、各地方の有力紙です。

目を外に転じるなら、一九五〇年代、原子力博平和利用博は世界各地で同時並行的に開催されていました。それが始まったのは一九五四年夏で、パネル型とパビリオン型という二つの展示形式が世界各地を巡回し、数年間で世界三〇か国以上、数千万人が見物しています。このうちパネル型は比較的小規模で、パネル展示板がぎっしりと詰まったコンテナ数十箱を大型トレーラーに載せ、各地で移動展を開催するものでした。コンテナから数百枚のパネルを引き出し、約三日で三五〇〇平米に及ぶ展示場が出来上がります。この方式で、レバノンからシリア、イラク、イランとアラブ各地を原子力博がめぐり、インドやラテン・アメリカ、北欧の諸都市などでも並行して博覧会が開催されていきました。他方、パビリオン型はやや大がかりで、貨車十数両で大型装置を運び込み、会場設営に約一〇日を要しました。会場面積も約二万平方メートルとかなり大きかったようです。日本列島を巡回した原子力平和利用博はこのタイプでしたが、他にもドイツ、ベルギー、ブラジル等でこの方式の原子力博が開かれました。

こうして原子力博が巡回したドイツ圏では、「ベルリン、フランクフルト、ウィーン、ハンブルク、コローニュ、ボーカム、ミュンヘン、シュットガルトの各都市で開かれたこの原子力平和利用展覧会の入場者数は百万を少し上回った」といいます。他方、インドでも「ニューデリーで開かれた同博覧会には、ネール首相も特にそれを見学した。インドの各新聞、ラジオとも、同博覧会を大々的に報道し、またインド政府の映画当局では、同博の模様をニュース映画に収録し、これを国内を通じて二千万人の人々に公開」しました(『中国新聞』一九五六年五月二七日)。このニューデリーでの原子力博は、総計一七〇万人の入場者を集めたそうです。

五〇年代半ばに大小様々な規模の原子力博が開催されていった国々は、イギリス、ドイツ、イタリア、ベルギー、ギリシアなどから、ユーゴスラビア、トルコ、エジプト、レバノン、シリア、イラク、パキスタン、インド、ブラジル、アルゼンチンなどまで、ソビエトや中国などの共産主義諸国を除く世界全域に及びました。このうちたとえばブエノスアイレスで開かれた原子力博の入場者は約二〇万人、ガーナでのそれは約一四万人で、規模の点でも日本での催しと共通性が小さくありませんでした。さらに、USIAは米国内の広報戦略を担っていたわけではないのですが、この博覧会はワシントンやニューヨーク、サンフランシスコでも開催されたようです。これらのどの会場でも、その国の著名な学者や産業界の大物、政治家が原子力の平和利用にお墨付きを与え、教師たちが生徒を連れて見学に訪れていました。

したがって、五〇年代に原子力平和利用博を熱狂的に迎え入れたのは、日本やインドのような非西欧世界の大衆だけではありません。戦災から復興しかけていたヨーロッパ諸国でも、人々はアメリカによる原子力の平和利用キャンペーンに歓呼したのです。たとえば、原子力博の巡回が始まって間もない一九五四年六月にローマで開催されたそれは空前のメディア・イベントでした。開会式の模様は五つの国際的なニュース映画会社によって映像化され、CBS、NBC、BBCのテレビネットワークにより英米でも放映されました。APやUP、INSのような国際的通信社は、こぞって展示された原子力技術についての記事を写真付きで全世界に配信しました。『ライフ』誌や『ニューヨークタイムズ』紙日曜版、それにイタリア語で出されている無数の雑誌が原子力博の特集を組み、ヨーロッパ各地の新聞が大見出しで取り上げました。原子力博が提示する世界は、人類文明の新たなる夜明けと形容されたのです(Osgood, ibid.)。

正力松太郎と「だれにもわかる原子力展」

他方、日本においては、正力松太郎が原子力平和利用のキャンペーンを本格化させるのは、一九五四年八月に新宿の伊勢丹百貨店で「だれにもわかる原子力展」を開催した頃からです。この展覧会は、「広島、長崎の九回目の原爆記念日をむかえたのを機に」開催され、そこには「原爆の悲惨な光景を示す当時の写真百二十枚を一巻に収めた幻灯スライド〝ひろしま〟をはじめ、爆心地から百七十メートルの地点で、母子が一瞬のうちに溶岩のように溶けた屋根ガワラとともに一塊となった人骨、原爆投下時間の午前八時十五分を指したままの目覚し時計、焼けただれた被服、とけたガラス、陶器など」、原爆被害の凄まじさを示す展示品が並んでいました(『読売新聞』一九五四年八月八日)。

展示には、広島、長崎での被爆の痕跡だけでなく、ビキニ環礁で死の灰を浴びた第五福竜丸から運び込まれた舵やロープ、ブイなどの実物の展示もあり、他にも水爆による被害写真、ビキニ実験前後からの雨に含まれた放射能の統計、放射能雲の流れの軌跡、放射能の人体への影響についての解説など、まずは原水爆の被害の大きさを思い知らせる内容でした。

さらに展示は、未来の戦争で原水爆が使用されていくと、どんな破局的な未来が人類を襲うかも示していました。たとえば、爆心地が東京だった場合の被害や全地球が何発の水爆で破壊されるかを示すジオラマ模型も登場し、もしも水爆が新宿に落ちた場合を想定して、「新宿を中心にして池袋、渋谷、水道橋、中野にわたる直径八キロの円内に入る地域は、熱線により焼死と即時炎上、国分寺、川崎、市川、浦和など四十キロの円内は熱線で死傷と火災、千葉、浅川、飯能など八十キロの地域内は熱線で火傷。伊東、三島、高崎など二百キロの範囲内では、爆風によって何らかの被害がある」ことを示していました(『読売新聞』同年八月一八日)。

原水爆反対の国民感情を利用し、第五福竜丸の船体の一部までを目玉の展示品としてしまうあたり、「メディア興行師」の正力らしいやり方でした。実際、読売新聞の企画部員たちが船体が係留してあった焼津まで行き、放射能汚染が残るロープやブイから舵や通風筒までを取り外して持ち帰ったともされます。そして会場では、「ヘップバーン型の娘さんは故永井博士夫人の形見ロザリオの鎖に涙ぐみ、高校生は「日本国民に告ぐ、ただちに都市より退避せよ、原爆一発はB29二千機に匹敵する」という広島原爆投下直後ばらまかれたアメリカの宣伝ビラをくい入るように読んでいるなど、広島、長崎の悲惨な実物や初公開のビキニの灰をはじめ福竜丸、俊鶴丸の資料の前は黒山の人だかり」となったようです(『読売新聞』同年八月一二日)。

こうした展示を見せた上で、展覧会は、広島と長崎、ビキニ水爆の被害を思えばこそ、「世論の正しい声によって原子力の平和的利用を促進せねばなりません」と方向を転調させます。主催者は、原子力時代は文明の必然で、避けて通れない。しかしこの未来技術には、軍事利用と平和利用があり、前者は人類に災禍を、後者は幸福をもたらすと語るのでした。同展では、原子力発電から原子力船、原子力列車、原子力飛行機、放射能の農業や工業、医学への応用までの利用可能性が示されたのです。金属学者で科学評論家の桶谷繁雄は、「恐ろしい原子力も、使い方一つで極めて有効な動力源となり得る」と強調しました(『読売新聞』同年八月一四日)。

原子力を必然的な前提とし、軍事利用から平和利用への転換を語る論理に加え、貧しい日本で国民生活を安定させるには原子力が必須、という論理も存在しました。これこそが正力の確信で、展覧会の翌年五月に開催された原子力平和利用大講演会で彼は開会挨拶に立ち、「日本こそ原子力を平和に利用することをもっとも切実」に考えるべきと主張しました。なぜならば、「明治以来世界で日本ぐらい土地の面積に比較して人口の多い国はないのであります。土地がせまくて人口が多い、その上に終戦によって満州や南方から多数の同胞が帰ってきました。せまい土地にますます人が増え、さらに台湾、樺太はじめ土地をずいぶんとられた。土地がとられ、同胞が帰ってその上にみなさんもご承知のとおり毎年百万近くの人口が出生」している。敗戦後の日本で資源縮小と人口爆発が同時進行する中で、「国民生活の安定を図ることは、どうしてもあの恐るべきエネルギーを持っておる原子力の力による方法しかない」。つまり、「原子力の偉大なる力を利用してこそはじめて産業の革命ができ、農業の革命もできさらに技術の革命ができる」と、正力は確信を披露していました(『読売新聞』一九五五年五月一四日)。

原子力平和利用博覧会の全国展開

この動きは、一九五五年末から全国を巡回していく原子力平和利用博覧会に発展していきます。この博覧会は、一九五五年一一月から一二月まで東京・日比谷公園で開催され(第7講扉参照)、五七年八月まで名古屋、京都、大阪、広島、福岡、札幌、仙台、水戸、岡山、高岡と全国各地を巡り、総計で二六〇万人もの来場者を集めます。会場では、導入部で原子力平和利用についてのＰＲ映画を見せ、黒鉛原子炉の模型と原子核の核分裂反応を電光式で解説する大パネルが置かれました。その後、いくつかの機器の展示を経て、原子力の工業面、農業面、医学面での活用可能性を示す展示室が続きます。やがて、展示はCP5型原子炉の実物大模型や放射性物質を遠隔で扱うマジック・ハンドなど人気の呼び物のコーナーに至ります。出口近くでは、原子力発電所のジオラマのみならず、原子力商船や原子力飛行機の模型など、未来の地球文明が原子力によってどれほど大きく変わるかが夢いっぱいに示されていました。

この開会式で正力は、原子力が「人類永遠の平和と繁栄への道を切りひらく」技術であり、そのような原子力時代の開幕を飾る博覧会を「アメリカ側の絶大なる指導と協力」でここに開催すると宣言しました。彼は、日本では「原子力にたいする国民の認識はここ一年足らずの間に、見違えるばかりの進歩を見せ、過去の禍を転じて福となすの意気込み」が漲っていると称賛します。この流れで、「日に進む世界の情勢に立遅れないために、いまや政府、経済界、学界等は打って一丸となり、原子力開発の地歩を着々と固め」ていかなければならず、「この原子力平和利用博覧会は、かかる時代の推移と、国民的期待とを背景として、わが国で最初にひらかれるもので、いわばわが国における原子力時代の開幕を飾る歴史的な博覧会」なのだと続けていました(『読売新聞』一九五五年一一月一日夕刊)。

原子力平和利用博の日本開催が決まると、読売新聞は各方面の識者の談話を載せます。その際、原子力開発に携わる人々が開催を歓迎したのは当然ですが、多くの知識人も賛意を示し、翻訳家の村岡花子は、「日本では広島以来とかく原子力と原爆が混同され、ノロイの言葉だけで、原子力が世界を進歩させるものとして祝福することさえ忘れている傾向があり、婦人や子供たちはいたずらにおびえている。それをこの展覧会で原子力も使いようによっては人類を幸福にすることを知り、子供たちも原子力に対する暗い考え方を吹飛ばし、明るい原子力の方向を認識するにちがいない」と語り、作家の真杉静枝は、「広島と長崎に落された原子爆弾によって原子力の偉大さを身をもって知った日本が、その破壊力を逆用し、平和利用するということはそれがどれほど国民の福利の増進に役立つかを考えれば、だれもこの「原子力利用大博覧会」に反対出来ない」と述べていました（『読売新聞』同年五月八日）。

こうしたムードは学校現場にも広がり、ある都立高校校長は、資源の少ない「日本の工業を発展させる唯一の頼りは原子力の平和利用以外にない。科学教育の一環として生徒たちに日ごろから原子力を平和的に利用することの重大さを教えてきた」と語り、そうした教育に原子力平和利用博が大変有益であることを強調していました（『読売新聞』同年五月八日）。これらはいずれも、原子力の「平和利用」は「原爆」から分離することが可能で、原子力の「偉大な」潜在力は、資源小国日本のこれからの産業復興の切り札となり、やがて家庭に便利で豊かな生活をもたらすだろうことを、広く婦人や子どもも理解すべきだと主張していたのです。

ヒロシマを原子力平和利用のモデルにする

原子力平和利用博覧会は、一九五五年末に東京・日比谷公園の会場に四〇万人近くを集めた成功の後、翌五六年から五七年にかけて列島各地を巡回します。そうした中でも特別な意味を持ったのが、五六年五月二七日から広島の爆心地で開催された原子力博です。主催者には、中国新聞とUSIAだけでなく、広島県、広島市、広島大学が加わり、都市広島をあげての開催となりました。その会場には、前年に平和記念公園の中に開設された平和記念資料館（第一会場）と平和記念館（第二会場。現在の平和記念資料館東館）が当てられました。

開会に際して中国新聞は、「原子力に対する理解を深めよう」と題した社説を掲げ、「最初の原子爆弾投下によって二十数万の犠牲者を出した広島市民が原子力自体に対して強い憎悪や恐怖に似た感情を抱きつづけてきたことは当然」だが、「いまやわれわれは、地上において人類がかち得た最大のエネルギーである原子力の平和利用について世界の各国民が全知全能を傾けつつある事実」を見つめようと呼びかけました。広島市民は原子力に対し、「まず主観的な要素を捨て、これを客観的に科学的な眼で」見つめ、「恐怖とか憎悪とか反感などの先入的な感情を捨て、客観的に対処」すべきとされたのです（『中国新聞』一九五六年五月二六日）。

さらに紙面には、原子力博は「広島のような原子力と切っても切れぬ関係のある土地ではもっと早く行われて」しかるべきだったとの声が掲げられます。被爆体験の原子力平和利用への取り込みは、博覧会の様々な場面で進められ、たとえば「東京会場で呼びもののマジック・ハンドを操作していたIさんは、広島で原爆に遭ったアルバイト女学生で、国連軍最高司令官レムニッツァー大将が入場したとき、とっさの思いつきで「歓迎」をマジック・ハンドで大書した。原子力平和利用博だからこそ、軍人の代表がこの博覧会に関心を示してくれることはうれしかったことだろう。広島では、東と西から放射能雨が降り注ぐ原爆慰霊碑前の会場で、アメリカ大使館が約一億円の出品費を負担して成立したこの博覧会が、世界の平和と現代人の新しい生活への願望」となるといった主張がなされたのです(『中国新聞』同年五月二七日)。

そうした延長線上で、地域に残る原子力博への懐疑的な見方に対する批判も語られていました。開会式当日、中国新聞は地元の原子力博関係者を集める懇談の場を設けましたが、その懇談でも、「広島では「原子力イクォール原爆」と思っている人がむしろ知識階級に多い」が、これは誤った観念で、最近の「学生の考え方は、原・水爆と平和利用博覧会とをはっきり区別して割り切っている」との意見が述べられました。これは、ある広島大助教授の発言です。広島市助役も、「一部に「この博覧会はアメリカの売り込みの手先になることではないか。そういうものに県や市が協力するのはおかしい」と抗議する人がいるが、平和利用は将来必ず実現させねばならない前向きの問題だから、広島が原爆でやられたからといって、この機会を利用しないのは了見がせまい」と批判していました(『中国新聞』同年五月二七日)。

広島での原子力博には西日本各地から団体客が訪れていましたが、その中には長崎からの団体客も含まれていました。開会の翌々日の中国新聞は、原水爆被害者団体協議会に出席するために広島を訪れた長崎原爆青年乙女の会の一行が原子力博の会場を見学したことを伝えています。同じ被爆地長崎から原子力博に来た一行は、新聞のインタビューに答え、「私たちは原爆と聞いただけで心から憤りを感じますが、会場を一巡してみて原子力がいかに人類に役だっているかが分かりました」と語っています（『中国新聞』同年五月二九日）。このように、広島爆心地で開催された原子力博覧会は、広島と長崎の被爆者を巻き込み、原子力を原爆の記憶とだけ結びつけることを声高に批判し、原子力平和利用の客観性と進歩性を強調したのです。

被爆国民だからこそ原子力を推進する

被爆国日本で開催された原子力平和利用博覧会で、通奏低音のように語られ続けた主張ははっきりしています。すなわち、日本は広島と長崎で核兵器の破滅的な力の被害者となった。だからこそ、日本人はこの技術が戦争目的のためではなく平和と福祉の増進のために用いられることを、他のどの国民よりも強く願うはずだ。「原子力の平和利用」は、「人類に幸福と繁栄をもたらし、輝かしい将来を約束する」ことを、日本は被爆国として証明する責務を負っている。しかも、原子力は戦後日本の復興と成長には不可欠で、この新技術をめぐる競争に負けてしまうと、日本は「成長」への足がかりを失ってしまう。被爆経験の恐怖を乗り越え、経済成長と豊かさの実現のために前進することが、戦後日本人の使命なのだというわけです。

たとえば、西日本新聞は地元の有識者を招き、「原子博と日本の原子力」という座談会を開催していました。曰く、水力や火力ではこの国の「電源の将来」に悲観的にならざるを得ないが、原子力は日本の「新しい時代」を担う技術である。世界各国の一人あたりの電力消費を比較すると、「いちばん多いノルウェーを一〇〇として西ドイツ二一、イタリア一二、日本が九で、その数字からみて西ドイツやイタリアより日本が少ないというのはどうも情けないことだ。文化を向上させるためには、日本で電力をどんどん使わなければならない」とは、九州電力の担当者の言でした。生活向上には電力消費の拡大が必要で、それには水力や火力だけでは足りない。ここに「豊かさ」を可能にする源泉として原子力が登場していたのです。そこではさらに、「原子炉というのは絶対爆発はしない。それをくわしく説明すれば長くなりますが、ただ非常に安全だ」と語られていました（『西日本新聞』一九五六年七月一七日）。

一九五〇年代半ばの時点で、日本は広島、長崎、ビキニ沖と、三度もアメリカの核兵器により被爆していました。しかし、まさにそうであるが故に、そのような被爆の記憶は、この国の親米支配層からするならば沈静化されるべきリスクでした。正力らがアメリカ発の原子力平和利用政策に即座に順応し、これを積極的に受け入れていったのは、正力自身の政治的野心に加え、アメリカ側と連携して原子力を「恐怖」のシンボルから「希望」のシンボルに転換し、第五福竜丸の事件を契機に噴出した被爆の記憶を背景化することが、日米抱擁を前提とする戦後日本の体制構築にとって必要な橋頭堡だったからです。そして、こうして推進された原子力の平和利用政策の自己欺瞞的な「夢」に飛びついたのは、けっして中曽根や正力のような野心満々の政治家たちだけでなく、主要メディアやごく普通の日本人も同じだったのです。

しかも、一九五〇年代末以降、アメリカは日本本土の反米感情を和らげるために、米軍基地の多くを沖縄に移転し、本土の非軍事化と沖縄の要塞化を表裏一体に展開します。これによって六〇年代以降の本土では、親米的な意識が強固に安定化し、原子力に対する否定的な意識も弱まっていきました。たとえば、一九五四年五月に『朝日新聞』が実施した調査では、「日本人はこれから先も原子爆弾や水素爆弾の被害を受ける心配がある」と考える人は、全体の七〇%に上っていました。しかし、約一〇年後の六八年の総理府調査で、「原子力の平和利用を進めることは、国民生活の向上に役立つ」と考える人が全体の六六%を占めるに至ります。同じ調査で「火力、水力、原子力の三つの発電のうち、今後一〇、二〇年間で最も急速に増加するものは」という問いに、原子力と答える者は五五%で他を圧倒していました。

ここでの「原水爆」と「原子力」の関係に関し、総理府は翌六九年の調査で、「あなたは「原子力」という言葉を聞くと、どんなことを思い浮かべますか?」という問いまで立てていました。これに対し、「原水爆」「核実験」等と答える人が六二％、「原子力発電」「科学の進歩」等と答える人が三四％で認識が分かれています（柴田鉄治・友清裕昭『原発国民世論』）。戦後日本の世論では、長らく「反戦・平和」が「豊かな生活」への成長と合致すると思われてきました。ところが原子力の場合、軍事技術であると同時に電力技術です。ここにおいて、軍事利用は「悪」、平和利用は「善」と分離する思考が巧妙に導入されていったのです。

こうした過程の結末は、一九七〇年、六〇〇〇万人が訪れた大阪万博で示されます。この万博会場には、日本原子力発電が万博開幕にあわせて運転を始めた敦賀原発一号機からの送電がなされました。日本初の商業用原子炉から送られる電力で、大阪万博会場は煌々と照らし出され、動く歩道やロボットが作動し、来場者に「人類の進歩と調和」を実感させていたのです。しかも、この一号機を製造したのはGEで、二〇一一年に大事故を起こす福島第一原発の一号機と同じです。敦賀原発に続いて七〇年夏から万博会場に送電を始める関西電力の美浜原発は、やはり米大企業のウェスティングハウスが責任を負っていました。当時、すでに原発はアメリカの原子力産業の重要な「輸出品」となっていて、それを真っ先に購入したのが日本政府や日本の電力産業だったのです。万博開幕から約一年後、福島第一原発も運転を開始し、その二年後には中東産油国を震源とするオイルショックが生じ、日本は不安定な石油資源への依存から脱するために、ますます原発への依存を深めていきました。

第8講

基地から滲みだすアメリカ

――コンタクトゾーンとしての軍都

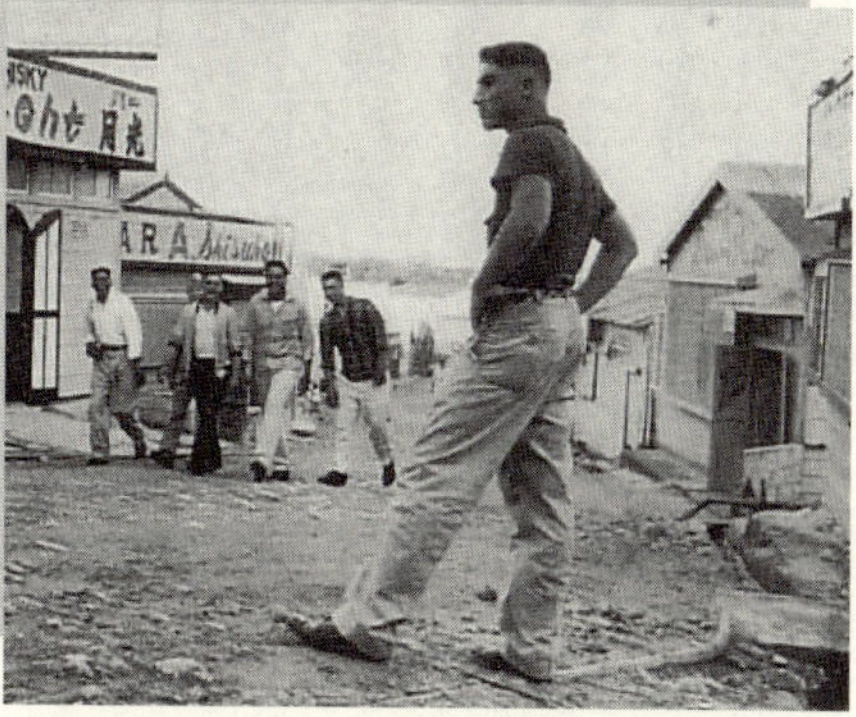

沖縄のコザ・八重島通りの特飲街(1955年)

米軍基地周辺のひとびと

べ平連(ベトナムに平和を!市民連合)の活動家から人類学者に転じ、やがて『マングローブの沼地で』や『ナマコの眼』といった、東南アジアの自然と文化について不朽の人類学的著作を残した鶴見良行は、一九五〇年代に東京近郊の米軍基地周辺を調査したエスノグラフィーを書いています。それが、「基地周辺のひとびと」と題された論文で、一九五六年七月号の『中央公論』に掲載されました。この調査のフィールドとなったのは埼玉県熊谷にあったキャンプ・ホイッチィントン(現在の航空自衛隊熊谷基地)周辺ですが、鶴見はこの調査のために、一九五五年の冬以降、約半年間ほぼ毎日をそこで過ごしたそうです。彼はこの地域で、「基地出現以前からそこに住む地もとのひとびと」と「バーやキャバレー、各種料理店等、基地に従属した生業を営むひとびと」の双方への聞き取りを重ねました(鶴見良行「基地周辺のひとびと」)。

この調査の前提になったのは、良行の従兄の鶴見俊輔が中核を担った思想の科学研究会による「ひとびとの哲学」の調査です。その二回目の報告では、小学校教員や青年団、百貨店の女店員などから上野地下道付近の浮浪者、同地下道の街娼、洲崎特飲街の女たちについての聞き取り調査の結果が示されましたが、この報告は俊輔と良行の共同執筆になっています。

俊輔は後に、「ひとびとの哲学」の調査をしていた頃を回想し、調査での良行の「筆跡はすばやく、書きはなしたまま他人に読める文字」であったと書いています。他方、良行も晩年、俊輔に「その後の自分に役にたっているのはむしろその経験だった」と話していたそうで、この時の経験は、良行が後にアジア各地の踏査者となる伏線をなすものでした（鶴見俊輔「解説／この道」）。つまり、鶴見良行はアジアを歩き始めて突然、卓越したエスノグラファーになったのではありません。すでに戦後の焼け跡で、上野の地下道や上野公園の浮浪者や街娼を相手に聞き取り調査をしていた頃から、彼は優れた路上のエスノグラファーだったのです。

良行のこの調査は、基地周辺の住民が米軍に対し、戦前から日本軍の基地を受け入れていたときの関係意識を引き継いでいること、また彼らの対米意識が、基地周辺のバーやキャバレーなどで働く女性たちへの差別的なまなざしを内包していることを示していました。かつて、「旧日本軍隊の駐屯はこの農村のひとびとにとって、経済的には向上の機会を、人生論的には新しい方向への可能性を、そして心理的には相互のつながりによる安定感を意味」していました（鶴見良行、前掲論文）。これは人々に、軍隊に対する免疫性と保証を与えるに十分でした。敗戦後、彼らは、かつて日本軍に抱いたのと同様の関係を、米軍に対して求めていったのです。

このように良行の調査は、基地周辺の人々の反感や批判が、米軍自体よりも米兵相手の女たちに向けられる傾向が強いことを示しました。彼女たちは地域の住民によっても、また彼女たちの働く店の事業主たちによっても、「米兵をだまして金をむしりとる」存在として、また「下品、粗野行儀が悪い、下層階級」の女たちとして蔑視されていたのです。その一方で、この地域の住民たちは、米兵相手の店に土地を貸し、米兵のオンリーに部屋を貸すことで潤っていました。つまり、彼ら事業主や住民には、「アメリカに対する完全な従属を願いながら、その従属の手段として女性たちを利用搾取し、しかも自分は一段上の高みにあって女たちに対する反感を示す」という自己矛盾に満ちた態度が見られたのです(同論文)。

一連の考察で良行が浮かび上がらせたのは、国民国家の枠内に人々の欲望や反感が収まってしまうことの限界です。米兵相手に働く女たちは、「尋常な日本社会から締め出されつつも、なお、文化的には「日本」の一部分にとどまる。「日本」の一部分であるからこそ、農民の実感構造にくみ入れられて批判の対象となる」。彼女たちも、「特殊女性たちが日本の貞操の防波堤」という紋切り型の論理の囚われ、そのフレイムから外に出ることができないのです。住民たちの両義的感情は、自分たちが蔑視している者に自らの経済が依存している矛盾を認識しながらも、「なお、「日本」内部にとどまろうとすることによって、彼らの現実主義の限界を示」していました(同論文)。このように語る良行の視座は、単なる日米関係を超えたところで「アメリカ」を捉えます。彼の視点は、同時代の多くの基地論が、たとえ反米的な視点を持つ場合でも国民国家の構図から抜けきれないでいる中で稀有でした。

世界に拡散する米軍基地

まさにこの時代、全世界で米軍基地が増殖していました。一九世紀末に全盛期を迎えたヨーロッパの帝国主義列強が植民地を基盤に帝国の秩序を形成したのに対し、アメリカは植民地獲得よりも世界各地の基地という飛び地を結んで地球規模の覇権を維持します。とりわけ第二次大戦後、アメリカは「反共」をスローガンに掲げ、国家安全保障会議（NSC）や国防総省、統合参謀本部、中央情報局（CIA）などの軍事機構を設立し、世界各地に広がる基地ネットワークを構築しました。朝鮮戦争が起こる一九五〇年から五三年までに、連邦軍事予算は実額で三倍、国内総生産比で二倍に膨れ上がり、戦後も減少しません。そして冷戦が終わるまで、アメリカの防衛費は、連邦予算の二〇％、国内総生産比でも五％を下らなかったのです。まさしく「自由資本主義のもとで未曾有の豊かな社会を生みだしたこの国の戦後は、同時にいわば準戦時体制下にありつづけ」たのです（古矢旬『アメリカニズム』）。

こうして冷戦終了までに、アメリカは海外に三七五の軍事施設を展開し、五〇万人の兵員を配備します。今日でもドイツ、イギリス、アイスランド、イタリア、スペイン、ギリシア、トルコ、オーストラリア、日本、韓国、パナマ、中近東諸国などに多くの米軍基地があり、兵員数は約一四〇万人に上るとされます。朝鮮戦争終結時の約三五〇万人から半分以下に減ったものの、なお圧倒的な規模の兵力です。ハワイやグアムなどの基地も、歴史的にアメリカに植民地化された地域での駐留です。このうち、アジア太平洋では日韓の駐留軍が中核を占め、日本駐留軍は今も一〇五施設、三万二〇〇〇ヘクタール以上に及ぶ基地面積、兵数は約五万人(四三施設、約二万四〇〇〇ヘクタール、二万五〇〇〇人以上が沖縄)を占めます。

冷戦初期、日本の米軍基地は、実に大規模でした。一九五二年、本土に七三三か所、総面積一四万五六〇町歩と、大阪府とほぼ同じ広さの米軍基地が存在し、これに軍用機の発着や米兵との接触で直接的な影響を受ける地域を加えると、四国に匹敵する面積だったとされます。このうち最大の面積を占めたのは演習場で約六七%、次いで飛行場が約一三%、兵舎も約一一%でした。この他、列島周辺に空軍一二、海軍一七、陸軍一〇の計三九か所の海上演習場が散在し、水域は四万八〇〇〇平方キロでほぼ九州の広さです。関東では、飛行場は立川、横田、厚木、木更津など一〇か所を超え、兵舎は代々木のワシントンハイツや練馬のグラントハイツをはじめ、神奈川の川崎、横須賀、茅ヶ崎、埼玉の所沢、朝霞、千葉の松戸などにありました(基地問題調査委員会編『軍事基地の実態と分析』)。

注目すべきは、講和条約によってアメリカの日本占領が終了しても、国内の米軍基地は減少し始めてはいないことです。しかも、ここでさらに留意しておくべきことは、これらの軍事施設の戦中から戦後への連続性です。戦後、米軍基地となった土地の多くは戦前から日本軍の基地だったところで、地域社会との結びつきも戦前からの連続性で捉えられます。

たとえば、首都圏の主要な米軍基地だった横須賀、厚木、座間、立川、横田、ジョンソン、朝霞などはすべて旧日本軍基地からの転用です。横須賀は、佐世保や呉とともに戦前から日本海軍の鎮守府が置かれる軍港でした。座間には陸軍士官学校や海軍工廠が置かれ、厚木基地は戦時中、日本海軍の防空拠点として整備されたのが始まりです。立川基地は、大正時代に陸軍航空部隊の中核拠点として建設されました。一九四〇年、その立川飛行場の附属施設として建設されたのが横田飛行場です。ジョンソン基地は、かつて陸軍航空士官学校などの置かれた豊岡飛行場が名前を変えたもので、現在は自衛隊入間基地となっています。

こうしてみれば、戦後、東アジアに広がる米軍基地のネットワークが、そもそもは大日本帝国の軍事施設を基盤に展開されたものであったことがわかります。冷戦期の世界秩序の中での日米「抱擁」は、決して日本国内の政治体制や社会意識のレベルだけでなく、文字通り軍事的な東アジア全域に広がる基地システムとしても生じていたわけです。

日本軍の街から米軍の街へ——六本木と原宿

こうした軍事面での戦前から戦後への連続性が最も顕著だったのは、実はこのシステムの中心に位置する東京でした。実際、占領期に東京圏には一五万人近い米兵が駐留していて、米軍基地の数も六〇を超え、そのそれぞれに階級別の慰安施設がありました。一九四八年にGHQが発行した『GHQ東京占領地図』(*City Map Central Tokyo*)を見ると、当時の米軍施設の配置を大まかに把握できます。GHQの主要施設が集中していたのは日比谷から霞が関にかけてです。日比谷通り沿いの大きな建物は軒並み接収され、皇居前広場や日比谷公園から銀座通りまでは文字通りの米軍租界となりました。周辺も、築地明石町、神谷町や六本木周辺などに施設群が点在し、浜松町にも倉庫やPX関係の施設がありました。

他方、住居では原宿のワシントンハイツや六本木・麻布地区、それにグラントハイツのあった練馬などに大規模な宿舎が集まっていましたが、他にも広尾、白金、山王などで接収地が多かったようです。つまり、米軍施設は占領期の東京全域に均等に分散していたのではなく、銀座・日比谷を中心に、六本木、広尾や原宿・代々木周辺、それから城南方面に偏っていたのです。そうした日本軍施設から米軍施設への転換や戦前からの邸宅の接収がとりわけ顕著に生じていたのは、港区から渋谷区にかけての一帯です。その結果、これらの地域は占領期からポスト占領期にかけての都心におけるアメリカ文化の中心地になっていきます。

たとえば、戦前まで六本木界隈は、陸軍の歩兵連隊や憲兵隊本部、近衛歩兵連隊、陸軍大学校などが集中する「軍人の街」として発展してきました。戦後、それらの旧日本軍施設は米軍に接収されます。他方、六本木から広尾にかけて数多くの住宅が米軍関係者のために接収されます。同じ頃、米兵相手のクラブやバー、レストランも次々に開店し、六本木は都心にありながら福生や横須賀に近い雰囲気を後々まで残す街となっていきました。そして、この六本木に一九五〇年代から六〇年代にかけて「六本木族」と呼ばれる若者たちが集まってくるのです。やがて、六本木にはテレビ関係者や芸能人、その取り巻きが集まり、ファッショナブルで多国籍的な街のイメージが出来上がります。

原宿の場合も、戦後のこの街の発展は、米軍将校用の大規模施設であったワシントンハイツを抜きにして考えることができません。もともと明治神宮に隣接する広大な敷地を占めていた代々木練兵場が接収され、ハイツの建設が始まったのが敗戦直後。まだ周囲に焼け野原とバラック、闇市の風景が広がる中に、蜃気楼のように忽然と下士官家族用の住宅団地と病院、学校、消防署、教会、デパート、劇場、テニスコート、ゴルフ場などが完備された「豊かなアメリカ」が出現したのでした。敷地面積二七万七〇〇〇坪という広大なハイツの存在は、神宮と練兵場の街という原宿のイメージを大きく塗り替えていきました。

一九五〇年代になると、キディランド(図8-1)やオリエンタルバザーなどの将校家族用の店が並ぶようになり、こうした街の雰囲気を象徴するセントラルアパートが建設されます。小林信彦は、六〇年代初頭の原宿を回顧して、「マンションという和製英語が一般に普及する以前、セントラルアパートは東京でもっとも豪華なアパート」で、住人の多くをなす「貿易商、米軍

図8-1　東京・原宿のキディランド(1960年)

関係の業者は、「一般ジャップ」にとって雲の上の人々」だったと語ります（小林信彦『私説東京繁昌記』）。やがて駐留軍が縮小し、アパートの住人は米軍関係者からカメラマン、デザイナーなどの「カタカナ商売」の人々に変化していきます。

　注目すべきは、かつて米軍施設が集中していた地域が戦後の若者文化の象徴的舞台となっていく過程で、ある種の記憶の切断が差し挟まれることです。たとえば、野坂昭如は一九五七年から二年ほど麻布狸穴町に住んでいましたが、当時の六本木には「都心ただ一つの米軍基地として、連隊司令部は接収されてハーディバラックス、竜土町の突き当りに、通信大隊の兵舎があって、進駐軍というと、怖いものみたさで、周辺をうろつく癖があるから、いずこもかわらぬ基地の町の表情を、主に夜ながめたことはある。二十軒ほどのバァ、それに品の悪い骨董屋、中国名の洋服屋が目立ち、進駐軍専用クラブとして、青山一丁目近くにコスモポリタン、飯倉にゴールデンゲート」があったと書いています（野坂昭如『東京十二契』）。

　しかし、昭和三〇年代、これらの店は「米軍相手だけでは成り立たなくなって、バァやクラブは、日本人客を歓迎しはじめた。……三十二年春に、日本で最初のボトルを預かる制度を、コスモポリタンが採用し、その名もキイクラブ、ゴールデンゲートは88と改名し、横浜の根岸屋風、寿司ラーメンビフテキ赤だしと、和洋漢こきまぜて」いきます（同書）。こうして転進したクラブやバーには、最初はジャズメンが、続いてテレビ局関係者がたむろするようになっていきました。同じ頃、「銀座で猖獗をきわめたゲイバァが、軒並みつぶれて、この地へ移って来た。三十四年、TBSに加えて、NET、フジTVが開局、いずれも車で一足の近さだから、ディレクター、タレントが六本木に押し寄せ」ます（同書）。六本木は、占領の記憶を隠蔽しつつ、軸足をテレビ局関係者に移し、メディアの街として賑わい続けたのです。

それでも一面で、六本木は米軍の街でもあり続けました。たとえば、ロバート・ホワイティングは、占領軍軍曹として来日したイタリア系移民ニコラ・ザペティが、軍流出品の闇商売からプロレスラー、宝石強盗までをしながら、一九五〇年代半ば、六本木で「本格的なアメリカンスタイルのイタリアンレストラン」を開いて大成功を遂げる姿を描きました。ザペティの店は、怪しげなバーやキャバレー、ゲイシャハウスなどには事欠かなくても、手ごろな値段の洒落たレストランが皆無だった六本木で人気を集め、「ピザに飢えた基地の兵隊たちが、ガールフレンドを伴って連日のように押し寄せた。退屈している駐留兵の妻たちも、基地の外の日本人ボーイフレンドを連れてやってきた」そうです（ロバート・ホワイティング『東京アンダーワールド』）。その後も六本木にはこうした雰囲気が残り、六〇年代を通じてベトナム帰りの米兵が、日本の休日を、食べて、飲んで、踊って楽しむ場所であったとされます（『週刊言論』一九六八年四月三日号）。

他方、原宿における「基地の街」から「ファッションの街」への移行を象徴したのは先述のセントラルアパートです。表参道と明治通りの交差点の一角、ワシントンハイツのほぼ正面に地上七階、地下一階の高級賃貸マンションとしてセントラルアパートが建設されたのは一九五八年のことでした。当初は、米軍相手の貿易商などの入る「租界」のような場所でしたが、やがて米軍の需要が縮小すると、デザイナーや写真家などが続々とスタジオを構え、雑誌の編集室なども入居し、セントラルアパートは草創期の日本のポップカルチャーを象徴する空間になっていきました。大手広告代理店が集中していた銀座とも、アングラ文化の拠点としてうごめいていた新宿とも異なり、「外国の匂いがして、静かないい街」として原宿は受容され、クリエーターたちをひきつけたのです（君塚太『原宿セントラルアパートを歩く』）。

基地の街としての湘南海岸

ポスト占領期、東京都心の六本木や原宿で起きたのと同様のことが、神奈川県の湘南海岸でも起きています。占領期から一九六〇年代に至るまで、横浜には多数の倉庫地区や米兵住宅地区があり、その周辺には横須賀海軍基地や厚木飛行場、極東米軍の司令部のある座間基地などが連なり、神奈川県は本土最大の基地県であり続けました。一九五〇年代には沖縄を除く本土の約三分の一の米軍施設が神奈川県に集中し、この集中は六〇年代末まで続いています。六〇年代末、神奈川県内の基地数は四五、面積は約二万六五七八平方メートルと、二位以下の東京、福岡、長崎、北海道、青森などの本土他県の基地面積を大きく上回っていました。

当時、横須賀にはキャンプ・マックギル、茅ヶ崎にはキャンプ・チガサキの二つの基地が置かれ、藤沢から茅ヶ崎までの海岸線は「チガサキ・ビーチ」と呼ばれる砲撃や爆撃の演習場となっていました。栗田尚弥によれば、チガサキ・ビーチの東方面の辻堂海岸では上陸演習、西の茅ヶ崎方面では直接、間接の射撃演習がなされていただけでなく、一帯で「爆破訓練、航空機による爆撃演習、空挺部隊による降下訓練などの広範囲に渡る訓練・演習が実施され、さらには火薬・弾薬の処理などもたびたび行われ」ました(栗田尚弥「茅ヶ崎とアメリカ軍(3)」)。

チガサキ・ビーチには各地の基地から多数の米兵がやって来たため、米兵による暴行や不法行為が後を絶たず、売春も社会問題となっていました。藤沢市は敗戦直後に米軍に性的サービスを提供する慰安施設を設置します。やがて、この市当局が推進する慰安施設は廃止されますが、従業員の多くは赤線地区の特飲店に移るか街娼となるかしたため、実態は変化しません。一九四九年、藤沢在住の一主婦は次のような陳情書を神奈川軍政部に提出しています。

ここ藤沢市の待合には約百人の夜の女がおり、彼女たちの無教養なふるまいは母親たちから大いに顰蹙を買っております。私はどこか他所へ引っ越ししたい気持ちでございますが、この住宅不足の折柄、とてもできる相談ではございません。……この地区には食品や酒を売る店が六軒ありますが、そこでは夜中二時、三時にいたるまで、主食品や酒類が公然と販売されており、酔っ払いのわめき声や放吟がそこかしこから聞こえてまいります。また蓄音機も朝六時から夜中の十二時過ぎまでボリューム一杯でかけられ通しです。

（栗田尚弥「占領軍と藤沢市民」）

同様に茅ヶ崎市では、「米軍を相手の売春婦の出現によって白昼住宅地付近の松林等において、目をおおわしむような露骨な性行為等の実行等があって、子女を持つ母親に「どうしましょう」という驚がくと不安の悲鳴をあげさせ」、さらに「売春婦の中には、演習場附近に貸室を求めるものもあって、そのような群の移動も予想される」と、教育関係者やPTA、婦人会がこの問題を深刻に受けとめていました。一九五四年には、茅ヶ崎市議会で、売春に関する諸行為を取り締まる風紀取締条例が可決されます。しかし、このような対策もむなしく、米兵の周囲には彼ら相手の女性の影がつきまとい、風紀上の問題は存在し続けたのです（前掲「茅ヶ崎とアメリカ軍(3)」)。

当時の湘南海岸の住民たちと米軍基地の関係は、当事者の聞き書きからより生々しく浮かび上がってきます。たとえば、キャンプ・チガサキでハウスボーイとして働いていた鈴木貞司は、栗田らの聞き取りに対し、基地の米兵と地元民が接する場面を次のように描写します。

映画会を夏、外でやるんですよ。するとね、柳島へ行く道の外から、外からみんな近所の人が見てるんですよ。そうするとね、兵隊がビール飲みながらガールハントしてるんですよ。落ち着いて見てられないの…。若い娘は。その頃は、アメリカ人なんていったら、みんなびっくりしちゃう。縮こまっちまうよ、女の人なんて。若い人はね。それをね、くどきに来るんですよ。ほんとに酒癖の悪い兵隊が多かったですね。すごくルーズ。

(鈴木貞司(「解説」栗田尚弥)「キャンプ・チガサキの思い出」)

鈴木はこの映画会について、「一般の人はね、中へ入れません。それで、塀の、バラ線がずっとはってあったその外から見たの。道から見たの。兵隊は中の椅子で見てるの。彼女同伴で見てる。兵隊は中で、一般の者は外。中へは入れない。ただし同伴者は見られる」と付言していました。この種の催しは基地で比較的頻繁に開かれ、地域の人々には「塀越しに」見られていたようです。米軍基地は、地域の若者たちに新しい欲望を持ち込んでいたのです。

さらに横須賀では、米軍基地は街娼の激増をもたらしていました。慶應大学社会事業研究会が一九五三年にまとめた『街娼と子どもたち』によれば、横須賀の「街娼は占領軍の進駐と共に発生し、昭和二三年三月頃には約一〇〇〇名(推定)といはれている。……二五年夏、朝鮮動乱を境として殖へ、二五〇〇乃至三〇〇〇名となった。同年秋には取り締りもかなり盛に行はれたが、しかしその数は四〇〇〇乃至五〇〇〇といふ驚くべき増加を示した」そうです。そして、これらの街娼を抱える「ハウス」が街の至るところで増殖し、五〇年代初頭の時点で、ドブ板通りを中心に、横須賀市内で約一三〇〇軒といわれるまでになっていました。当時は横須賀市の経済全体が基地や駐留軍に依存しており、「街娼・駐留軍兵士と市内商店は密接な関係をもっており、風紀取締の強弱によって各商店はその売り上げに影響」していたと言います(慶應義塾大学社会事業研究会『街娼と子どもたち』)。

このような状況ですから、五〇年代までの横須賀では、米兵相手の街娼に対する人々の態度は両義的でした。慶大グループの報告書は、横須賀市教育研究所が五二年、同市の児童に対して実施した市内の街娼に対する意識調査の結果を掲げている。それによれば、小学生では全体の二三%、中学生では三二%が、街娼に「いい」という評価を示しており、その理由には、「自動車に乗れる」「ガムやチョコレートが食べられる」などの物質的なものから「英語が話せる」「外人と歩ける」などまでが挙げられていました。たとえば、ある小学六年の女子生徒は、「私はパンパンをみていいなあと思ったことがあります。どうしていいかというと、着物もきれいなのをきて、靴も新しいのをはいて、肩からハンドバックをもっているし、ハンドバックをあけるとお金がたくさんある」と答え、別の中学二年生は「アメリカ人とパンパンと英語を話していた。私は英語がはなせていいなあと思った」と答えていました(同書)。

しかしながら、一九五〇年代後半になると、米軍基地や米兵たちの姿が徐々に日常の直接的な風景から遠ざかり、「一部の地域」の問題とされていくにしたがい、湘南においても「アメリカ」はイメージに純化されていきます。一九五七年五月一一日の朝日新聞は、湘南海岸のビーチが、いまや「東洋のマイアミ」になろうと躍起になっていることを伝えていきます。それによれば、前述のチガサキ・ビーチの東隣に位置する片瀬海岸は、「海岸の風景を楽しむドライブウェイ、近代的なビーチハウスと広いモータープール」を備えた「バタくさいまでにモダンな海水浴場」に変身しつつあるとのことでした。神奈川県は、ここに「マリンランド」「ビーチハウス」「ヘルスセンター」などを建設し、やがては外資系ホテルも誘致して、湘南海岸をマイアミビーチに匹敵する一帯に変えていこうと考え始めています。

そしてこの五〇年代後半、この種の「アメリカン」な湘南のイメージは、『太陽の季節』や『狂った果実』などの映画の影響もあって一気に大衆化し、やがて今日的な湘南イメージを支えていくようになります。しかし、そもそも湘南海岸が「バタくさいまでにモダンな海水浴場」に変身していった背景には、基地からこれらの海岸に遊びに来ていた米兵たちの存在がありました。たとえば、映画『太陽の季節』の前半では、早口で英語と日本語が混ざりあった会話をする英会話学校帰りの水着の女たちが登場します。彼女たちは英語のニックネームを持ち、まるで外人のように振る舞っていました。『狂った果実』では、北原三枝の演じたヒロインは、米軍将校のオンリーという設定でした。石原裕次郎は、いわば占領軍の手から女を強奪するのです。直接的には語られないにせよ、これらの映画の設定からは、湘南がまさしく米軍の土地であること、そこを闊歩する女たちの背後にいる「アメリカ」が透けて見えるのです。

地方都市における基地と観光

一九四五年以降、旧日本軍施設が米軍施設にとって代わられ、そこからアメリカ文化が滲みだしていく現象は、全国各地の都市で起きていました。

たとえば吉田容子は、戦前から「海軍の軍港」として発達した佐世保が、戦後、どのように「米軍の街」となり、とりわけ性的な慰安の面で賑わいを拡大させたかを跡づけています。それによれば、早くも四五年九月、約五万人の米兵が佐世保に上陸し、日本軍諸施設を接収しました。一九五〇年、朝鮮戦争が始まると、佐世保の軍事機能は大幅に強化され、「市内には大量の軍需物資と米軍を中心とする国連軍兵士が集められ、朝鮮戦争に向かう前線基地」の役割を担っていきました（吉田容子「敗戦後長崎県佐世保市の歓楽街形成史」）。

　こうした流れの中で、戦前から日本兵相手に発達していた歓楽街が形を変えながら復活していきます。佐世保には、明治末から「勝富遊郭」と「花園遊郭」という二つの遊郭がありましたが、この二つは一九一九年に合併され、一九三〇年代には娼妓数が一〇〇〇人を超える大規模な遊郭となっていました。しかし、四五年六月の佐世保空襲でこれらの遊郭も含めて佐世保市街は焼け野原となります。敗戦直後、米軍が進駐した他の多くの都市と同じように、日本政府は「性の防波堤」を築くのだと、米兵相手の性的サービスの提供を行う「特殊慰安施設」を佐世保市内の焼け残っていた地区にも設置し、かつての娼妓を集めますが、これはむしろ米軍内での性病蔓延等を懸念した米軍側により、利用することが禁止されてしまいます。

　米軍は日本政府が米兵相手の露骨な売春施設を設けることに否定的態度を示しましたが、もう少し曖昧な施設は許容しました。それがダンスホールやキャバレーで、一九四六年から佐世保市内には米軍人が利用する「外人バー」と呼ばれる施設が増殖します。「一九四六年五月に、一二〇人のダンサーを雇用して「九州一のネオン」といわれたキャバレー「カスバ」が開店したのを皮切りに、「タカラヅカ」「白牡丹」「シャングリラ」などの外人バーが次々と店を開いた。それらは、佐世保川左岸の栄町、常盤町、松浦町一帯の通称「三ヶ町」商店街を中心に立地し、バー街を形成した。このあたりは、佐世保が軍港都市の機能を持って以来、商店街として発展してきた佐世保経済の中心地」でした(同論文)。つまり、佐世保市中心部が米兵相手の歓楽街となったわけで、東京でいえば銀座がそうした歓楽街になったようなものです。

佐世保におけるこれらの歓楽街の発展は、朝鮮戦争をピークとし、その後、衰退していきます。そうした繁栄期を通じ、米軍側は一貫して、「野放しにすれば際限なく増える売春宿の管理を行うことや、買売春というきわめてセクシュアルな実践を「一般」市民の目に触れさせぬよう」に、佐世保市に要求し続けました(同論文)。これはもちろん、米軍が日本の行政よりも「倫理的」であったことを意味するわけではありませんし、米軍内での性病感染の拡大を心配していたからだけでもありません。彼らは、一般の日本人が米兵たちによる露骨な性暴力を目にすることで、日本国内に反基地感情が広まることを怖れていたのです。

朝鮮戦争の頃に日本国内にいた米兵数はきわめて大規模でしたから、そう簡単に米兵による性暴力を一般の日本人の目から隠蔽できたとも思えませんし、実際に米軍基地に対する反対闘争は全国各地で燃え上がっていました。そしてその広がりは、佐世保や横須賀のようなそもそも日本軍の街であった地域だけでなく、むしろ戦前は「軍事」よりも「文化」と深く結びついていた伝統都市にまで広がっていきます。その代表例が奈良です。

観光の視点から、米軍が占領期に日本で展開した政策を調べ上げた阿部純一郎は、長く日本の観光史が、「占領期」を総力戦体制期や高度成長期に比べて空白期としてきたことを批判します。そこで抜け落ちてきたのは、その当時は「最大の〈訪日外国人市場〉だった米軍関係者の観光動向や米軍側の政策過程」への注目です。実際、この時期、膨大な数の米軍人やその家族が日本各地を観光していました。占領軍はすでに一九四五年一〇月から、日本政府に対して保養地やリゾートホテルを提供するよう要請し、日光金谷ホテルや鎌倉海浜ホテル、逗子なぎさホテルが接収されて米軍用の休養ホテルとなります。米兵向けの『星条旗新聞』（*Stars and Stripes*）では、「鎌倉海浜ホテルの庭先でバレーボールに興じたり、相模湾を望む逗子なぎさホテルの「実にアメリカ的な雰囲気」の中でソファーに座り読書する米兵の姿が写真付で紹介」されていました（阿部純一郎「〈銃後〉のツーリズム」）。当時、これらの米兵の観光を斡旋していたのは日本交通公社（JTB）で、彼らが一九四六年一二月から一年間で斡旋した米軍人・軍属の数は、旅行案内が一一万八〇〇〇人、請負旅行が五四〇〇〇人に上ったそうです。

こうしたことが前提にあり、一九五〇年に朝鮮戦争が始まると、米軍は「休養と回復（Rest and Recuperation）」と呼ばれる政策を実施しました。これは、「前線任務に約六、七ヶ月間従事した陸軍兵に五日間の休暇を与える」施策で、その休暇先に選ばれたのが日本でした。つまり「前線＝朝鮮半島」と「故郷＝アメリカ」の間に、「休養地＝日本」が差し挟まれ、兵士たちが疑似的な帰還感覚を味わえるようにしたのです。これにより、一九五三年六月までに約八〇万人の米兵が日本で短い休暇を過ごしたそうですから、相当な数です。彼らの宿泊を受け入れるため、小倉、横浜、大阪、奈良、神戸に「R&Rセンター」が開設されていきました。

問題は、戦地から数日間、解放された米兵たちが保養地に何を求めたかです。先ほどの星条旗新聞の記事が実態とはかけ離れていたことは容易に想像できますし、それを米軍も黙認していました。たとえば奈良に「R&Rセンター」が開設されたのは一九五二年五月ですが、その直後から「センター正門前に東西二〇〇メートルにわたって帰休兵相手のカフェー、キャバレー、バー、土産物店、写真店、洋品店などが立ち並ぶように」なりました（吉田容子「米軍施設と周辺歓楽街をめぐる地域社会の対応」）。周辺はもともと農地でしたが、センター設置直後から地元民が他府県出身者に農地を貸すようになり、四、五坪の小屋が並んだのです。営業を始めた店では、カフェやキャバレー、バーが最も多く、ストリップ劇場もあったそうです。多くの売春婦が米兵を呼び込んでいましたが、彼女たちの出身地は近隣各県からの者が多く、公式に登録されただけで約三〇〇人、無登録の者が一〇〇〇人程度いました。彼女たちは奈良市内の民家にも間借りしたので、それらの家にも米兵が出入りするようになっていきました。

こうして一九五〇年代初頭、「保養地」に指定された古都奈良においても、横須賀や福生、佐世保と同様の風景が出現していたのです。

基地＝観光の島としての沖縄

一九五〇年代半ばまで、日本本土の基地周辺と、沖縄、韓国、台湾、フィリピンなど冷戦初期から米軍が展開した各地の基地周辺の状況は連続的でした。しかし六〇年代以降、日本本土の大都市部の米軍基地が縮小に向かったのとは反対に、米軍のアジア戦略全体を支える「太平洋の要石」沖縄では、軍用地はさらに拡張されていきます。つまり六〇年代以降、沖縄は、日本本土における米軍基地縮小の犠牲となっていくのです。今日でも沖縄には、在日米軍兵力の約七〇％、日本にある米軍専用施設の約七四％が集中しており、その最大の部分を海兵隊が占めています（在沖米軍兵力の約五七％、施設の約七六％）。米軍全体にとってもそうですが、とりわけ海兵隊にとって、沖縄は決して手放すことのできないアジアの拠点です。

六〇年代以降、沖縄が本土とは比較にならない厳しい基地化を経験する背景には、朝鮮戦争後の米軍再編と、五〇年代の日本本土で盛り上がった反基地運動が作用していました。朝鮮戦争後、中国との軍事的緊張が続く中、アメリカは軍事的な対中プレゼンスを維持するため、陸軍ないし海兵隊の一個師団を日本本土か沖縄に残留させようと考えていました。しかし、米軍兵力の中核である陸軍師団の維持は、米軍全体の兵力削減という大方針と矛盾します。海兵隊は、朝鮮半島や台湾海峡が有事になった場合に即応力があると自らをアピールしており、統合参謀本部との諸々のせめぎあいを経ながらも、陸軍ではなく海兵隊一個師団の日本残留という方向に落ち着きます（山本章子「一九五〇年代における海兵隊の沖縄移転」）。

他方、一九五〇年代の激しい反基地運動（砂川闘争、内灘闘争など）により、日本政府が各地で進めようとしていた基地拡張は失敗します。同じ頃、沖縄でも激しい「島ぐるみ闘争」が展開されていましたが、沖縄はアメリカの施政権下で対応が違いました。結果的に、朝鮮戦争の頃に日本各地で見られた米軍による様々な暴力、とりわけ日本の女たちに対する性暴力や米軍基地周辺の歓楽街の拡張は、ベトナム戦争の頃になると本土ではそれほど顕著ではなくなり、むしろそうした問題はすべて沖縄に集中されていくようになったのです。

こうして軍事要塞化していった沖縄で、「基地の街」の産業が広がります。その代表が、嘉手納基地に隣接するコザ（現・沖縄市）です。戦後、すべてが焼き尽くされた沖縄本島で、コザは基地に隣接する難民収容地区として出発しました。やがてこの街は、ビジネスセンターや八重島特飲街などの建設を通じ、米軍へのサービス提供に依存して発展します（第8講扉参照）。

たとえば八重島特飲街は、朝鮮戦争特需の中でホステス三〇〇人にまで膨れ上がり、周辺に「ワイキキ通り」「センター通り19班」といった新しい売春街を誕生させました。さらに六〇年代半ば以降、ベトナム戦争の拡大に伴って嘉手納基地の兵力は増強され、コザの街は殺気立った活況を呈します。「米兵の札束をいかにして使わせるかでどのAサインバーも必死になるため、先を争うように米兵に酒を勧め、売春をし、フロアショーを行い、ロックバンドを採用」

しました（沖縄国際大学石原ゼミナール編『戦後コザにおける民衆生活と音楽文化』）。

このブームに乗り、それまで「公民館でエレキ大会を開いて楽しむ程度であった素人バンドまでを含めて多くのロックバンドがにわかに脚光を浴び」、やがて七〇年代には、紫、コンディション・グリーンといったグループが華々しい活躍をしていきます。その基層には、基地から流れ出るドルを目指し、北は奄美や宮古から南はフィリピンに及ぶ地域から雑多な人々が集まるコザという街がありました。とりわけフィリピン・バンドが沖縄ロックの形成に果たした役割は大きく、クラブ専属だった彼らを真似ながらロック・シンガーへの道を歩んだ者も少なくなかったようです。平井玄は、当時、沖縄のロッカーたちに「ヤマトのグループがほとんど意識されていなかった」と語ります（平井玄「コザの長い影」）。彼らが相手にしていたのは基地の米兵で、その音楽は、日本本土の音楽状況とは別次元で発達していたのです。

しかし一九七〇年代、かつて五〇年代の本土の「基地の街」に起きたのと似たことが、部分的に沖縄でも起きていきました。米軍基地から野放図に滲みだしていた米兵たちのための「慰安」の文化は、米軍のベトナムからの撤退という世界史的な変化を受けて縮小に向かいます。まさにこの動きを補うかのように、沖縄は「本土復帰」の名のもとに米軍基地には手がつけられないまま日本に返還され、産業的にも「基地離れ」が促されていきました。一九五〇年代の本土では、この「基地離れ」が「テレビの勃興」と同時代的に起きたので、米兵たちを相手にしていたエンタテイメント産業は「お茶の間」相手の「芸能界」になっていきます。これに対して沖縄の場合、「基地離れ」をする産業が向かった先は「観光」でした。

この局面で、沖縄が目指したのは「第二のハワイ」になることだったと、小川実紗は論じています。沖縄経済界ではすでに一九六〇年代半ば、沖縄とハワイは基地経済が主要な産業セクターであることや気候や自然環境が似ていることが関心を集め、沖縄のハワイ化が課題として浮上していたようです（小川実紗『観光と「性」』）。逆に言えば、六〇年代まで沖縄観光と言えば、「ひめゆりの塔」などの戦跡観光と基地の視察、アメリカ直輸入品の購買などが中心で、「現在ではあまりに有名な沖縄イメージ群・観光資源が、六〇年代の沖縄観光ブーム期にはほとんど欠落し」ていました（多田治「『日本のハワイ』としての沖縄の形成」）。ここに、海洋博や「ディスカバー・ジャパン」で刺激された自由な旅への流れが重なり、「日本のハワイ」としての沖縄像が創出されていきます。それはかつての南紀や宮崎のイメージに代わるものでした。実際、沖縄イメージのこの変化が示されていく最もわかりやすい事例は新婚旅行の行き先で、一九八〇年までに沖縄は宮崎や奄美、それにハワイをも抑えてトップに躍り出ます。

結局、戦後日本全体が帝国としてのアメリカの「属州」であるなら、沖縄はその「属州」の「属州」です。アメリカの帝国的覇権は、今ではグローバル資本主義と一体ですから簡単には滅びません。そしてこの帝国が太平洋全域に拡張する画期となったのは、一八九八年のハワイ併合でした。今ではアメリカ合州国の五〇番目の州であるハワイは、もともと独立した王国でした。この王国では一八九三年、アメリカ人農場主らがアメリカ海兵隊一六〇人の支援を得てクーデターを起こし、王政を打倒します。彼らは「ハワイ共和国」の設立を宣言し、反抗するハワイ先住民を虐殺していきました。やがて、帝国主義政策を推し進めたアメリカ大統領ウィリアム・マッキンリーは、太平洋における地政学的重要性からハワイ併合を決断し、オアフ島の真珠湾にアメリカ海軍最大級の基地を建設していきます。

一九四一年、日本軍の奇襲攻撃を受けた後も真珠湾が米海軍最大級の拠点であることは変化していませんが、一九五九年、ハワイが合州国の州に昇格すると、この諸島のリゾート開発が本格化します。ハワイでは、アメリカ本国に包摂されたことが島の観光化を促進したのです。

二〇世紀を通じ、アメリカの軍事的暴力を不可視化する方法はいろいろありました。東京では、米軍基地の多くが早々に返還され、物理的にもこの軍事的暴力は見えなくなります。その後には「アメリカ文化」の発信だけが残り、それらは一九五〇年代から六〇年代にかけての若者文化や都市風景に大きな影響を与えました。地方都市の場合、米軍基地とそうした消費文化との結合は弱く、むしろ佐世保に典型的に示されるように、米軍基地が自衛隊基地と複合していきます。さらに沖縄の場合、米軍基地は一九六〇年代以降も強化されていきました。ところがそのような基地の歴然たる残存にもかかわらず、人々の関心や経済基盤を変化させることは可能でした。ハワイやグアムと同様、ここで大きな役割を果たしたのが「観光」でした。「観光」は、実は占領期から米軍駐留と深く関係していましたが、とりわけ一九七〇年代以降、沖縄はハワイやグアムと同じように、軍事基地のイメージを背景化させつつ、「リゾート」のイメージを前面化させてきたのです。この傾向は、今日も変化はしていません。

第9講
アメリカに包まれた日常
——星条旗・自由の女神・ディズニーランド

東日本大震災の津波に耐えた「自由の女神」と瓦礫の市街(宮城県石巻市．新潮社提供)

アメリカン・ナショナリズムと星条旗

みなさんは、「アメリカ」のシンボルを何か一つ選ぶとしたら、何を選ばれるでしょうか？　スターバックスやマクドナルド、ケンタッキー・フライドチキンといった身近な食のチェーン店を選ぶ人もいるかもしれませんが、しかし、それらは「アメリカン」という以上に「グローバル」なので、むしろナショナル・シンボルという観点から星条旗を選ばれる人も少なくないでしょう。その一方で、星条旗の米国内での人気は、南北戦争の頃までは高いものではなかったようです。星条旗については、スコット・グインターによるまとまった研究がありますが、それによると、「一八一二年戦争から南北戦争勃発まで、陸海軍のみならず絵画や陶器などのモチーフとしても星条旗は使われ」てはいましたが、愛国心を鼓舞する特別のシンボルではありませんでした（スコット・M・グインター『星条旗』）。

この状況は、南北戦争で劇的に変化しました。星条旗は北軍のシンボルとなり、戦後は共和党が民主党を排撃する際の生々しい視覚的表象となったのです。内戦が始まると、「北部人は、道徳的、愛国的な大義に対して精神的に関わっていることを外に向けて表現する方法を模索し、連邦のシンボルたる国旗に目を向け、それを次第に重視しはじめ、日々の生活のなかで用いるようになった。南北戦争勃発の際、人々はいっせいに国旗を振りはじめたが、その後、国旗がますます象徴的な性質を帯びるようになり、兵士や市民は一様に国旗に対して敏感に反応」するようになりました（同書）。しかも、南北戦争中、印刷技術の発達で大量生産可能になった星条旗が「連邦への忠誠のシンボルとして定着し、その過程で軍隊と無名戦士の死が旗とセットで大量に描かれ社会に浸透し、星条旗をモチーフとした忠誠心・愛国主義が明確に視覚化されていったのです（貴堂嘉之「「血染めのシャツ」と人種平等の理念」）。

星条旗の象徴性が強化されると、その旗の下に集まる「我々＝味方」と、外に立つ「彼ら＝敵」の分割線が画然と引かれるようになっていきます。そうして戦後も、「国旗は共和党の政治家たちの辛辣なレトリックの一翼を担うことになった。南北戦争後の数十年間にわたり、共和党の政治家たちは民主党をおとしめるために南北対立の記憶をけたたましく呼び起こさせた。その際に彼らは国旗への称讃を「血染めのシャツの掲揚」と呼ばれる政治的戦略に結び付けた」そうです（グインター、前掲書）。「血染めのシャツ」とは、南北戦争後に共和党急進派が南部人の戦争犯罪というイメージを再生産するために用いた表象戦略で、彼らは血染めのシャツを振って戦争の記憶を呼び覚まし、「共和党の戦士たちは国旗の栄光と名誉のために戦い死んでいったという論法、そして、北部の民主党員たちは国旗に対する信頼と国旗が象徴するものを裏切ったという論法」を使ったのです（同書）。

やがて一九世紀末以降、星条旗に生じていったのは大衆化と神聖化でした。アメリカ経済が上昇気流に乗る中で、新たに富や権力を得た人々が盛んに星条旗を装飾用やイベント用に用いるようになっていきました。特に選挙では、共和党の候補により南北戦争の記憶を呼び起こすために星条旗が積極的に使われます。彼らは国旗が人々の愛国心を投票につなぐメディアであることを知っていたのです。こうして一八九六年の大統領選では共和党のウィリアム・マッキンリー陣営は、「遊説の先々に熱烈な共和党支持者からなる「愛国英雄隊」を組織し、また、二〇〇〇ヤードにもなる旗で装飾した列車を走らせて、一日平均七回停車して、演説を行なった」そうです。さらに共和党系の『シカゴ・トリビューン』紙は、「星条旗を掲げよう。そして、国旗を信じないようなポピュリスト的な政策に反対」しようと主張していきました(同書)。この頃になると星条旗をあしらった名刺が流行し、星条旗は広告にもアイコンとして登場し、商品にも星条旗ラベルが貼られていきます。

他方、二〇世紀になると、在郷軍人会や愛国婦人会を中心に、公教育に国旗の儀礼を正式に取り入れるべきだとの運動が生じます。彼らは、「産業化、都市化、移民の増大による急激な文化の変化に伴って、自らの地位が不安定なものになったと感じていた。その結果、元兵士たちは、戦没者追悼記念日の式典と自らが命を賭けて戦った国旗の讃美のために行動し、母親たちは、国旗を中心とした愛国的儀式を通じて適切な道徳を若者に教えこもうとした」のです

(同書)。こうして国旗に関する儀礼が体系化され、それが社会の隅々にまで規格化が行き渡ることになったそうです。その規格化は諸分野にわたり、「ブロードウェイのミュージカルで興行成績を上げるには、劇中に国旗を振って愛国心を高揚させることが不可欠」と見なされ、ボーイスカウトやガールスカウト、それにスポーツ界で、「国旗に関する礼式は、最も重要な役割を担う」ことになったとされます(同書)。

このように星条旗は、ナショナリズムと深い結びつきをもって日常に浸透した政治シンボルです。その政治性は露骨なので、逆に第二次大戦後、前衛芸術や政治運動においてしばしば批評や告発の対象となりました。前衛芸術家で最初に星条旗を新しい表現の素材としたのはジャスパー・ジョーンズです。一九五四年から五五年にかけて彼が発表した連作「旗」は、戦後アメリカのポップアートの先駆けでした。ジョーンズは星条旗を新聞紙の上に描き、ストライプの間から広告や記事が顔をのぞかせました。蜜蠟で顔料を定着させる珍しい技法を用い、塗られた絵の具が風化したように見せて

図 9-1　フリッツ・ショルダー「The American Indian」
https://artnewsjapan.com/article/175

いきました。

一九六〇年代以降、多くのアーティストが星条旗を題材にしていきます。たとえば七〇年、ネイティブ・アメリカンを祖母に持つフリッツ・ショルダーは、「The American Indian」という作品で全身を星条旗で包みながら斧を持つ先住民男性を描き、先住民への暴力とアメリカのアイデンティティの一体性を表現しました(図9-1)。また、一九七六年のメイ・スティーブン

図9-2　メイ・スティーブンス「Dark Flag」
https://artnewsjapan.com/article/175

図9-3　ニコラス・ガラニン「The American Dream is Alie and Well」
https://artnewsjapan.com/article/175

スによる「Dark Flag」は、男根を連想させる細長い頭の三人の人物が頭の先から膝の下までを星条旗で包み、画面を暗い色調の星条旗が埋めることで、アメリカの女性差別主義や人種差別主義、好戦主義を告発します（図9-2）。さらに二〇一二年にニコラス・ガラニンが制作した「The American Dream is Alie and Well」では、床に敷かれた西部開拓時代を思わせる熊皮の敷物の柄が星条旗になっていました（図9-3）。この作品の熊の爪は弾丸で、歯には金箔が貼られ、アメリカが先住民の土地を奪い、彼らを殺戮しながら金を採掘することで富を築き上げてきた歴史が暗示されます（Alex Greenberger「星条旗のアート作品ベスト25」）。

このように星条旗のイメージは、先住民虐殺や黒人差別、二〇世紀を通じてアメリカがしてきた数々の戦争の歴史と切り離せません。そのため、星条旗がアメリカ以外の国々で、その地域的な文脈の中に取り入れられることは少なかったようです。星条旗の再解釈は多くなされてきましたが、このシンボルはあまりにも深くアメリカ本国の歴史と結びついていました。星条旗は、あくまでアメリカン・ナショナリズムの表象なのです。

世界に増殖していった「自由の女神」

他方、今日ではグローバルな「アメリカ」のシンボルは、マクドナルドやディズニーランド、スターバックスです。しかし、日本にマクドナルド1号店が誕生したのが一九七一年、東京デイズニーランドの誕生が八三年、スターバックス1号店が生まれたのが九六年ですから、これらのシンボルが日本に溢れていくのは七〇年代以降です。それ以前、日本で何が最も大衆的なアメリカの象徴だったのでしょうか。もちろん、ハリウッド映画やジャズという答えもあるでしょうが、「自由の女神」に注目してみると興味深いことが見えてきます。

自由の女神は、アメリカのイギリスからの独立一〇〇周年を記念し、一八八六年、フランスの市民による募金で建てられたモニュメントです。この像は、移民たちがニューヨークに入港するまさにその入口に立っている位置と女神像が高々と掲げる「自由のたいまつ」のシンボリズムにより、海外からすれば星条旗以上に大衆的なアメリカのシンボルとなっていきました。しかし、そのもともとのモデルは、フランス人画家ドラクロワが一八三〇年に起きた七月革命を描いた「民衆を導く自由の女神」です。この女神はマリアンヌと呼ばれ、一七八九年の革命以降、フランス共和国を象徴してきました。ですから自由の女神は、アメリカのシンボルである以前にフランス共和国のシンボルだったのです。

自由の女神のイメージには、アメリカとフランスの共通性が暗示されています。両者を繋いでいたのは「自由」の観念で、ここでの「自由」はピューリタン的概念というよりも共和国的な概念です。ですから自由の女神は、一九世紀からフランスにも建設されていました。今日でも、セーヌ川の中洲にエッフェル塔を背に自由の女神が立っています(図9-4)。これは、ニュ

図 9-4　パリ

図 9-5　ハノイ

図 9-6　東京都お台場

図 9-7　青森県おいらせ町
CC Licence Ty19080914
(2017)

ーヨークの自由の女神から約一〇年後、一八八九年にパリに住むアメリカ人がフランス革命一〇〇周年を記念して建設した自由の女神です。この年、革命一〇〇年を記念したパリ万国博覧会が盛大に開かれていました。まさにそのパリ万博のモニュメントがエッフェル塔だったわけですが、設計者のギュスターヴ・エッフェルは以前、ニューヨークの自由の女神の構造設計も担当していましたから、エッフェル塔と自由の女神は双子で誕生したようなものでした。

実はパリには、他にも二体、自由の女神が立っていました。一つは、ニューヨークの像を制作したのと同じフレデリク・バルトルディが一九〇〇年のパリ万博を記念して制作したもので、リュクサンブール公園にありました。今はオルセー美術館の玄関ホールに置かれていますが、大きさがニューヨークのものの一六分の一なのでそれほど目立ちません。もう一つは、やはりバルトルディがニューヨークの像を制作するためのモデルとして一八七八年に制作した三メートルほどの自由の女神で、パリ工芸博物館に置かれていました。そして、セーヌ川に立つ自由の女神も、もともとバルトルディが制作したものでしたから、彼はかなりの数の自由の女神を作っていたのです。実際、バルトルディによる自由の女神は南米にもあり、アルゼンチンやブラジルにはバルトルディから購入した小型の自由の女神が複数ありました。つまり自由の女神は、そもそも唯一性を前提にした彫像ではなく、最初から複数のバージョンが想定され、そうした中でもニューヨークのそれは最大規模のものだったのです。

さらに自由の女神は、バルトルディ自身の作になるものを超えて、様々な場所で増殖していきました。一九世紀末以降、自由の女神が多く建てられていたのはヨーロッパと南米です。ヨーロッパではフランスに多く、一八八七年にボルドー、八九年に南仏のリュネルやサンタフリクと、続々と地方都市で自由の女神が誕生しています。隣国スペインでは、バルセロナで一八九四年に公共図書館の正面に小型の自由の女神が置かれ、バスク地方に近いリオハ自治州にあるセニセロという町でも一八九七年に自由の女神が建てられています。建設年が不明ですが、オランダのアッセンにも魅力的な自由の女神が街角に立っています。注目すべきはウクライナのリビウの自由の女神です。この像は、一八七〇年代から九〇年代にかけて建設され、なんと女神はここでは座っています。

同じ頃、自由の女神はアジアにも建設されています。一八八七年、ベトナムではフランスによるベトナム植民地化を記念する博覧会でハノイに自由の女神が建てられました(図9-5)。博覧会終了後、女神はハノイ旧市街の湖の小島の建物の屋上に移築されます。しかしそれも数年で、像はやがて湖に隣接するフラワーガーデンの片隅にひっそりと置かれていくことになりました。やがて日本軍の占領が終わる一九四五年、女神像は旧宗主国のフランスが戻って来るより前にハノイ市政府の手で破壊されました。つまりベトナムでは、自由の女神は植民地帝国フランスによる「抑圧」の象徴だったのです。

他方、中国の広州にも一九一八年に自由の女神が建てられます。この中国の自由の女神像が置かれているのは、広州市の黄花崗七十二烈士陵園という場所です。この施設は、孫文が率いる中国革命同盟会が一九一一年に起こした武装蜂起が失敗して命を落とした人々を追悼する施設で、一八年に建つのですが、中央に自由の女神が置かれていました。孫文による革命蜂起は、今日に至るまで中国の革命思想の原点にあるもので、そうした文脈から中国では共産党の一党独裁や言論統制に対する批判として、今に至るまで自由の女神が使われてきました。代表例は、一九八九年の天安門広場に設置された模造の自由の女神です。これは学生たちにより「民主の女神」と名づけられましたが、鎮圧に来た戦車に潰されてしまいます。自由の女神は「フランス共和国」の肖像から「アメリカの自由」の象徴となり、他方でフランスの植民地支配の象徴ともなり、やがて「中国の民主革命」とも象徴的に結びついてきたのです。

日本で増殖する「自由の女神」

要するに、自由の女神が何を意味するかは多義的です。この多義性は、「自由」という概念の多義性と結びついています。しかし、そうした「自由」の意味の深みや複雑さなどまるで気にせず、ただその表層を引用し、増殖させてきたのが戦後日本における「自由の女神」の受容でした。実際、戦後日本には、アメリカ本国を除けばフランスよりも、他のアジア諸国や中南米諸国よりもずっと多くの自由の女神が建てられてきたのです。

よく知られているのは、東京湾岸のお台場に建てられた自由の女神でしょう（図9-6）。実は、この自由の女神は、日本とアメリカではなく、日本とフランスの友好のシンボルです。つまり、この自由の女神は、ニューヨークではなく、パリのセーヌ川にある自由の女神のレプリカで、一九九八年に日本におけるフランス年を記念し、セーヌ川の中洲にあった自由の女神像がこの地に輸送されて展示されました。当時の日本人は、それがフランスとの友好を記念するものだとは知らず、むしろ「日本の中のアメリカ」として受けとめたのだと思いますが、この湾岸のレインボーブリッジを背にした自由の女神は人気を呼びました。やがて女神像はパリに戻っていきましたが、お台場の自由の女神人気に気を良くした行政や地元の観光関係者が、レプリカを制作して恒久的に設置することにしたのです。

お台場の自由の女神ほど有名ではありませんが、大都会周辺には以前から多くの自由の女神が建てられてきました。実際、日本ではバブル経済の頃まで、都会のラブホテルやサウナ、パチンコ屋の屋上にしばしば自由の女神像が置かれていました。最近でも、横浜・鶴見や本牧、横須賀などにあるホテルの屋上に自由の女神像が発見されます。それらの像では、米軍駐留地との関係が深かった横浜や横須賀のイメージと「アメリカ＝セックスの自由」という想像が混淆しているとも考えられます。サウナなどの入浴施設にもしばしば自由の女神像が設置されており、あるブログは、日本語の「入浴Nyuyoku」が、「ニューヨークNewYork」とダジャレで掛け合わされていると推察しています。他方、千葉県船橋駅の商店街や静岡県静波海岸など、意味を詮索することが難しい自由の女神も多く、一筋縄ではいきません。

しかし、日本国内の自由の女神でもっと興味深いのは、地方都市や農村に忽然と現れる自由の女神です。実は、国内最大規模の自由の女神があるのは青森県おいらせ町です(図9-7)。一九九〇年、竹下政権の「ふるさと創生事業交付金」で建てられたこの像は、高さが台座を含めて二〇メートル以上もあります。なぜこれほど大きな自由の女神が、本州最北端の地に建てられたのでしょうか。地元からすれば、突然、中央から大きな補助金が降ってきて、観音像を建てる気分で町のシンボルを建てたのだと思います。それにしてもなぜ、奥入瀬《おいらせ》の人々は地域の伝統を残す像ではなく、アメリカのシンボルを選んだのかが気になります。実は、おいらせ町のすぐ北には米軍三沢基地があります。戦後を通じ、三沢は米軍基地を受け入れることで発展してきた町です。その三沢に隣接する奥入瀬にも同様の風土があると想像されます。東京近辺でも、横浜や横須賀といった米軍と関わりの深い地域で自由の女神が多く見られたように、日本列島での自由の女神像の分布は、米軍基地の分布と関係がありそうです。

遡るなら、戦後日本で自由の女神が最初に設置されたのは、一九五〇年に西宮で開催されたアメリカ博覧会でした。これは入場者数が二〇〇万人を超えた催しで、入口近くにエンパイアステートビルの形の案内塔やリンカーン像が建ち、会場にはアメリカ一周大パノラマや西部大パノラマ、ホワイトハウスなどが林立しました。このアメリカ博で、自由の女神はニューヨークの都市風景を示すジオラマの一部に示されるのですが、主役ではありません。博覧会の主役はアメリカの科学技術と自然で、「開発」がその中心イメージだったのです。

戦後日本人にとって、自由の女神がアメリカを代表する中心的なシンボルとなるのは、高度経済成長である程度の豊かさが実現され、アメリカを消費する欲望が多くの人を包んでいく一九六〇年代以降です。七〇年代に日本の都市に出現した自由の女神像を代表したのは、開業間もない渋谷パルコの正面に置かれていた自由の女神でした。そこに置かれたのは約一年で、その後は千葉県の津田沼パルコ(二〇二三年閉店)の屋上に移設されました。

以上で概観したように、日本では戦後、国内各地に「自由の女神」が設置されてきたのですが、その背景は諸外国と大きく異なりました。日本以外の多くの国で、自由の女神像の建設は、「自由」「共和国」「独立」「革命」といった観念と結びつけられていました。ところが日本では、自由の女神像の建設でそのような観念上のことが問われたことはなく、むしろ日本にある自由の女神は、アメリカ的な豊かさやギャンブルやセックスの自由奔放、さらには流暢な英語や米軍文化との結びつきを示す記号として受け入れられてきたのです。日本人にとって「自由の女神」は、とてつもなく通俗的な記号なのです。

このように、日本にある自由の女神は通俗的な欲望のキッチュです。そこには何も政治的ないしは理念的な意味はありません。この国の人々には、世界各地で人々が命がけで求めてきた意味での「自由」も、そうした自由を圧し潰すことを「自由」の実践としてきた帝国主義的無意識も自覚されません。日本における「自由の女神」は、あくまでファンタジーなのです。そして、そうした像が風景の至るところに違和感なく溶け込んでいる点で、たしかに日本は特異な社会であり、その特異な通俗性が、この社会の特異な親米性と絡まりあっているのです。言うまでもなく、こうした特異な仕方での戦後日本人による「自由の女神」の受容は、戦後日本による「アメリカ」の受容の特徴でもあります。

ディズニーランド――戦後日本を包み込んでいくアメリカ

戦後、ラブホテルやパチンコ店、サウナや英会話教室などに自由の女神像が置かれていったのは一九六〇年代から七〇年代くらいまでで、八〇年代以降はそうした動きは後退します。すでに七〇年代から、「日本の中のアメリカ」にはある位相的な転換が生じ始めていました。この転換を決定的にしたのは、一九八〇年代を通じた東京ディズニーランドの成功です。今や「アメリカ」は、「自由の女神」のようなシンボルによって象徴されるものから、「ディズニーランド」のように環境として体験されるものに変化します。

もっとも、ディズニーランドのイメージが日本人の意識に浸透し始めたのは、一九五〇年代末からです。この頃から、日本テレビがアメリカから輸入して隔週で放映した「ディズニーランド」という番組が、日本人に「アメリカ」という「夢と魔法の王国」のイメージを鮮烈に印象づけていました。この番組はディズニー・プロダクションがABCネットワークのために制作したもので、冒頭にウォルト・ディズニーが登場して視聴者に語りかけ、「冒険の国」「開拓の国」「お伽の国」「未来の国」というディズニーランドと同じ構成に従って、ディズニーのアニメーションや記録映画が放映されていました。

それから約三〇年後の新聞投書でも、「ディズニーランドは、かつて、遊園地を超えたものだった。初めての出会いは、ずいぶん昔になる。金曜午後八時から、一時間、民放で流されていたディズニーワールドという番組があった。昭和三三年から約一〇年間続いた。基本的には、プロレス中継と交代で隔週だった。夢中になったのは、その初期だが、ロスにある本家ディズニーランドの紹介や、ディズニーのアニメ、映画が見られるその時間を待ち切れなかったものだ。それは当時、日本では考えられないような「夢」の世界だった」(『朝日新聞』一九八八年八月一七日)と回想されています。当時、日本の家庭にはまだテレビはないのが普通で、あっても白黒でした。しかし、「日本の貧しい茶の間の白黒テレビでこれを見ていた我々の眼に、この映像はまぶしく、ありがたく、そして極彩色に映った」と、『ディズニーランドという聖地』

の能登路雅子は書いています（能登路雅子『ディズニーランドという聖地』）。

同じ頃、テレビ番組と並行して、ディズニーランドのイメージは、絵本や漫画、映画、キャラクター商品などでも日本人の意識に浸透していきました。たとえば、一九六〇年からリーダーズダイジェスト社が『ディズニーの国』という子ども向けの雑誌を発刊し、これは六四年から講談社の『ディズニーランド』という雑誌に引き継がれます。映画では、六〇年代を通じて次々に「ピーターパン」「わんわん物語」「眠れる森の美女」「一〇一匹わんちゃん大行進」「メリー・ポピンズ」などのディズニー映画が封切られていました。キャラクター商品でも、「ミッキーマウス」をはじめとするキャラクターがファンシー市場で人気を拡大させます。このようにして「ディズニー」は、テレビや映画をはじめとするメディアを通じ、「日本の中のアメリカ」の中心的な表象となっていったのです。

このような過程を経て、ついに一九八三年、東京ディズニーランドが東京湾岸に開園します。しかしこの頃、この「夢と魔法の王国」が八〇年代を通じて毎年一〇〇〇万人以上の入園者を集め、全国にテーマパーク・ブームを起こし、日本の都市風景の変容を象徴する空間になることを予想した人は多くありませんでした。たとえば、「アメリカ式の夢を売る島がディズニーランドってわけですから、基本がアメリカ色になるのはいい。しかし、ここはやっぱり日本なのだから、随所に日本色がないと運営もうまくいかない」と、すべてがアメリカ式であることへの危惧の声が少なくなかったのです。当時、経営側が見込む年間一〇〇〇万人の入園者も、実現不可能な数字と受け取られていました。「いくらディズニーと提携したからといって、どうして、日本国民の一割が毎年、浦安に来ると考えるのか。こんな話はふつう、山師か詐欺師しか考えない」というのが多くの週刊誌の一般的評価でした。

もちろん、これらの予想は完全に外れました。一九八〇年代以降、東京ディズニーランドは驚異的な成功を収めるのです。米軍基地から滲みでるアメリカ文化であれ、自由の女神のシンボリズムであれ、それまでの「日本の中のアメリカ」が、大きく言えば理想化された「アメリカ」への羨望に衝き動かされていたのに対し、一九八〇年代以降に浸透していく「アメリカ」は、人々の日常意識を空気のように包んでいきます。もちろん、ディズニーの映画やテレビ番組は、内容的には「理想のアメリカ」を描き出します。しかし、それが日常的にテレビや雑誌のイメージとして消費されることで、戦後日本人と「アメリカ」との関係は、それまでとは異なる、環境そのものとしての受容の位相に移行していったのです。

つまり、一九六〇年代以前のアメリカ化は、大衆の「豊かさ」への欲望が「アメリカ」へと投射され、個々のモノや象徴が日本に移植されることで起きていました。このとき「アメリカ」は、貧しい日本人が羨望する彼方に確かな相貌をもって存在していたのです。ところが七〇年代以降、欲望の投射点としての「アメリカ」の相貌は曖昧になります。相変わらず「アメリカ」は日本人の意識に強く作用し続けるのですが、それは日常的に消費可能な環境として私たちの意識を包み込んでいったのです。東京ディズニーランドの成功は、こうして「アメリカ」が日本人を深く包み込んでいったことを証明しています。

ファンタジーとしてのディズニーランド

ディズニーランドには、この包み込みを徹底させる巧妙な罠がいくつも仕掛けられています。たとえば、その空間的な閉鎖性です。ディズニーランドでは、様々な障害物によって園内からは外の風景が見えず、全体が周囲から切り離されています（バーバラ・マヤホフ「ディズニーランドの馴致され植民地化された想像力」）。東京ディズニーランドの場合、園内の人は自分が浦安という町のはずれにいることも、東京湾岸にいることも忘れているでしょう。人々の視界に外部の異化的な現実が入り込む可能性は最大限に排除され、演出される物語は完結しています。

これは視覚的景観だけでなく、園内と外を分離する一連の操作にも支えられています。ルイ・マランは、ディズニーランドの駐車場と入場券売場が、車と貨幣の中性化というフィルター的役割を担うと述べます。ディズニーランドには何重にもそうした境界線があり、それらを越えることで、人々は外部の現実から隔離された「ユートピア的」な空間に移行します（ルイ・マラン『ユートピア的なもの』）。弁当・酒の持ち込みを禁止され、落としたゴミも掃除係がただちに拾っていくので、園内ではいつでも完全無欠な無菌状態が保たれます。

ディズニーランドにおける諸々の障害物は、園内から外を見渡せないようにしているだけではありません。それらはまた、入園者が個々のランドを越えて端から端までを見渡すこともできなくしているのです。それぞれのランドは視覚的に閉じられており、相互に浸透して曖昧な領域を形成することもないし、すべてを見渡す視界の獲得も認められていないのです。同様のことは、個々のアトラクションについても指摘できます。ディズニーランドのアトラクションを構成しているのは、完結した場面のシークエンスです。園内を回遊する人々のまなざしは、個々の領域や場面が提供する物語の中に封じ込められ、そこから外に出ることはありません。むしろ彼らは、キャストたちとともに場面ごとに「人物」になりきり、与えられた役柄を楽しげに演じていくよう要請されているのです。

この巧妙なまなざしの戦略を理解するには、ディズニーランドがそれまでの遊園地とは根本的に異なる空間であることを認識しなければなりません。ディズニーランドは既存の遊園地の延長線上にではなく、ウォルト・ディズニー自身の映画的想像力の帰結として生まれたのです。重要なのは、ディズニーが、生涯を通じて映像技術的な可能性を拡張し続けたことです。彼は、「制作する漫画が説得力をもち、観客に楽しさをたっぷり提供するよう、常に努力を怠らなかった。漫画映画に音と色を加えたのも、ウォルト・ディズニーである。またアニメーターにうるさく注文をつけ、長編漫画を作るに足る腕を磨かせた。そしてアニメーションを長編にまで引き上げていくと、彼はまた新たな目標に挑んだ——俳優を使った劇映画、自然記録映画、テレビ番組、そしてディズニーランド。それは、観客をただの見物人から参加者に変えていくという、いわば自然な移行過程」だったと、ディズニーの伝記作者のボブ・トマスは書いています（ボブ・トマス『ウォルト・ディズニー』）。

動かない漫画から動くアニメーションへ、音のないアニメーションから音の入ったアニメーション、そしてカラフルな長編アニメーションへ、さらに二次元の映画から三次元のディズニーランドの世界へ。この変化は、ディズニーの想像力において連続的でした。つまり、ディズニーランドは遊園地よりも映画にはるかに近いのです。実際、ディズニーランドとディズニー映画の同質性は、園内のあらゆる場面を貫いています。

とりわけ、それが集約的に示されるのは導入部です。たとえば、ディズニーが多くの遊園地業者の助言に反対して、ディズニーランドに一つの入口しか設けなかったことは有名です。これは、「入り口をいくつも作れば、客は園内で方向感覚を失ってしまう。どの客も同じところから出入りさせ、ディズニーランドでの一日を一つのまとまった体験として演出したい」との考えからでした（同書）。ディズニーにとって、ランドの導入部は映画の導入部と同じでした。ですから、入園者が入口のゲートを通ってまず目にするのが、巨大なミッキーマウスの顔をした植え込みであるのは象徴的です。ちょうどこれは映画の冒頭に登場するその映画会社のシンボルマークと同じ役割を担っています(T. S. Grabel, *The Animator's Landscape*)。

やがて、入園者は個々のランドに入っていきますが、そこに広がっているのも、スクリーン上の世界を三次元化した風景です。ディズニーランドにおける様々なランドの風景は、それを手がけたのが映画の美術監督たちであったことが示すように、映画のセットと同じ考え方に基づいていました。人々は、ディズニーの映画を観るのと同じようにディズニーランドのアトラクションを味わいます。アトラクションからアトラクションへの移動は、スクリーンからスクリーンへの移動と同じです。人々は、書割り的な舞台を動き回ることで、ディズニーランドという巨大なスクリーンに吸い込まれていくのです。

したがって、ディズニーランドに俯瞰する視界が存在しないのは、この空間がそもそも俯瞰を可能にする場所的な奥行きや広がりとは別次元に成立しているからです。人々は、ディズニーランドにおいて場所的な広がりをもった世界の住人からスクリーンの中の人物へと変身するのです。彼らがこの世界を楽しむためには、そうした諸々の仕掛けに媒介され、自らをスクリーンの中に溶かし込んでいかなければなりません。

ルイ・マランはこの仕掛けについて、ディズニーランドでは「そこで演じられる脚本を演じる者として、まるで罠にかかったねずみのように、彼(＝入園者)は自分の役割にとらえられており、自分がそこで演じていることも知らずに、自分を離れてそのイデオロギー的人物のなかに入り込んでしまっている」と要約しました（マラン、前掲書）。

私が一九八〇年代に東京の大学生を対象に行ったアンケートでも、ある学生は「東京ディズニーランドには、四回行ったことがあります。……でも、同じ人と二回行ったことはありません。その理由は、ディズニーランドでは、いつでも新鮮な驚きを受ける人でなくてはならないからです。あるアトラクションに対して「なあんだ、これ知ってるよ」と言ってはいけないと思います。知ってても、「カワイー」とか「びっくりしたなあ」と言って、なんにも知らない、かわいい自分を演じる場所だと思います」と語っていました（吉見俊哉「シミュラークルの楽園」）。このアンケートからすでに三〇年以上が経ち、こう答えてくれた人も今は五〇代です。それでもこの態度は、今の世代の大学生でも大きくは変化していないと思います。

再演され続ける「アメリカ・イン・アメリカ」

何よりも重要なのは、こうして来場者が劇中人物へと自己を疎外していく、その舞台となるディズニーランドが、まさしくこれまで述べてきた一九世紀以来という意味での「アメリカ」の完璧な再演であることです。言うまでもなく、ディズニーランドは各々が完結した五つの領域から構成されています。東京ディズニーランドの場合、正面入口に近いワールドバザールには、古きアメリカの街並みが再現され、映画館、宝石店、時計店、洋服店、レストラン等が並びます。その先に広場があり、周囲にアドベンチャーランド、ウエスタンランド、ファンタジーランド、トゥモローランドが放射状に並びます。

このうちウエスタンランドでは、トムソーヤ島の周りを蒸気船マークトウェイン号が巡り、そびえ立つビッグサンダー・マウンテンを鉱山列車が駆け抜けます。ここには本書冒頭で述べた西漸時代の「フロンティア」が広がっています。他方、アドベンチャーランドは海の向こうのフロンティアです。ジャングルクルーズやカリブの海賊をはじめ、ここには熱帯ジャングルの世界があります。こちらはおそらく、ペリー提督が訪れた太平洋の島々にも似ているでしょう。そして地球外のフロンティア、今日ならば人騒がせな実業家イーロン・マスクが大いに喧伝している未来です。つまり、これら三つのランドは、大陸／海洋／宇宙にまなざされた「未踏／未開／未来」の「フロンティア」が想像されているのです。

しかし、地球外はともかく、アメリカ大陸西部や熱帯ジャングルの世界が「フロンティア」であるとするのは幻想です。そうではなく、ウエスタンランドで繰り広げられるのは「本質的に征服と開発の旅」であり、ディズニーランドの入園者は、毎日のようにアメリカ先住民に対する「侵入と征服の物語」を自ら再演しているのです。そして、アドベンチャーランドでも、「川岸に突然現われる人喰い人種は他の区域の、今や選別された、あるいは降参したインディアンと同じ、開発の対象となる敵対者」です(マラン、前掲書)。

つまり、東京ディズニーランドを訪れる入園者たちは、一九世紀の北米大陸に入植して先住民たちを駆逐し、虐殺し、記憶から抹消してきた白人プロテスタントのアメリカ人たちのふるまいに自らを重ね、さらにはハワイや南太平洋をも支配下に収めていった蒸気船の乗員を再演しているのです。ですから東京ディズニーランドには本来、「ペリー提督の大遠征」というもう一つのアトラクションが付け加えられるべきだと私は思います。そこではまだ「文明化以前」の日本人の滑稽な様子が、現代のアメリカ人のまなざしに同化した日本人観客の前で演じられていくことになるでしょう。

つまりディズニーランドは、「イデオロギーが、アメリカ社会の支配階級がその現実的な存在条件にたいしてもつ、さらに正確に言えば合衆国の現実の歴史と外部空間にたいしてもつ、想像的関係を表わすものであるという限りにおいて、イデオロギーにとらわれたユートピア」です(同書)。この空間で人々は満面の笑顔を浮かべ、「遊びのなかで、日常生活の決定論をくつがえし、それらの決定論を、彼がする創設者の身振りによって、合法化し正当化して、もう一度肯定しなおす」します(同書)。

この再肯定への反転は、まさしく「アメリカ」の上演を通じて実現していきます。この上演され続ける「アメリカ」でユートピアは完璧になしとげられるのですが、「その完璧さは一つの見世物であり、その調和は一つの上演である。この見地に立つとき、ユートピア的虚構の仕事は、一つのイデオロギー的形象のなかに転写され、そこで停止する。そしてまさにこのようにして、ユートピアはそれをイデオロギーのなかに作動させる力となってきた批判力を失う」のです(同書)。まさにこの意味で、ディズニーランドは完璧に顚倒したユートピアです。

かつてジャン・ボードリヤールは、現代消費社会への批判として、「ディズニーランドとは、〈実在する〉国、〈実在する〉アメリカすべてが、ディズニーランドなんだということを隠すために、そこにある」と皮肉たっぷりに述べました。すなわち、「ロサンゼルス全体と、それをとり囲むアメリカは、もはや実在ではなく、ハイパーリアルとシミュレーションの段階にある」のに、これらがすべて実在だと思わせるために空想として設置されたのがディズニーランドなのだと彼は述べたのです(ジャン・ボードリヤール『シミュラークルとシミュレーション』)。

この指摘は間違いではありませんが、二つの点で修正されるべきでしょう。第一に、今や「すべてがディズニーランド」となっているのは、実在するアメリカだけでなく、日本も、多くのアジア諸国も同じです。この点で、「実在するアメリカ」だけを特権化する理由はありません。第二に、そのようなディズニーランドがその「ハイパーリアルとシミュレーション」を通じて再演しているのは、一九世紀を通じて北米大陸を西へ西へと先住民たちを排除しながら征服していき、さらに大西洋や太平洋でヨーロッパの帝国主義と競争しながら全地球的に広がった帝国としてのアメリカの幻想なのだということです。

このようにして、約一五〇年の歳月をかけて広がってきた「アメリカ・イン・ジャパン」は、いまや「アメリカ・イン・アメリカ」の完璧なイデオロギー的再演となります。おそらくこの再演は、たとえばベトナムやアフガニスタンを空爆し、パレスチナを徹底的に痛めつけるイスラエルを支援し続けるアメリカに寄り添い、「日米同盟」が自らのアイデンティティの支えであると信じる現代日本人の心理において上演され続けるでしょう。東京ディズニーランドとは、そのような大多数の現代日本人の心理に完全に共振する楽園なのです。

しかしその「アメリカ」は、ディズニーランドの中だけで再演されているのではありません。同じ「アメリカ」は日本の超越的な権威のイメージにも、戦後日本の原子力政策にも、六本木や原宿から沖縄までの基地の街のイメージにも入り込んできました。日本人の日常意識は、とっくの昔にそうした「アメリカ」に深く包み込まれています。この「抱擁」(ジョン・ダワー)の行き着く先は、ほとんどの日本人がアメリカとの非対称な鏡像関係から逃れられなくなった未来です。このとき「アメリカ・イン・ジャパン」の「アメリカ」は、限りなく「ジャパン」そのものとして経験されていくのです。

参考文献

本書全般に関わる文献を講義ごとに提示する。なお紙幅の関係上、「さらに学びたい人のためのブックリスト」を岩波書店公式サイト(http://iwnm.jp/432048)に掲出しているので、参照されたい。

イントロダクション

上杉忍・巽孝之編著『アメリカの文明と自画像』ミネルヴァ書房、二〇〇六年
カプラン、エイミー『帝国というアナーキー』増田久美子他訳、青土社、二〇〇九年
カミングス、ブルース『アメリカ西漸史』渡辺将人訳、東洋書林、二〇一三年
西谷修『アメリカ　異形の制度空間』講談社選書メチエ、二〇一六年
藤永茂『アメリカ・インディアン悲史』朝日選書、一九七四年
古矢旬『アメリカニズム』東京大学出版会、二〇〇二年
油井大三郎・遠藤泰生編『浸透するアメリカ、拒まれるアメリカ』東京大学出版会、二〇〇三年

第1講

ウィリアムズ、サミュエル・ウェルズ『ペリー日本遠征随行記』洞富雄訳、講談社学術文庫、二〇二二年
加藤祐三『黒船前後の世界』ちくま学芸文庫、一九九四年
加藤祐三『幕末外交と開国』講談社学術文庫、二〇一二年
小風秀雅「十九世紀における交通革命と日本の開国・開港」『交通史研究』第七八巻、二〇一二年
ゴッフマン、アーヴィング『行為と演技』石黒毅訳、誠信書房、一九七四年
嶋村元宏「ペリー・イメージの成立と展開」『特別展　ペリーの顔・貌・カオ』神奈川県立歴史博物館、二〇一二

年
ダムロッシュ、レオ『トクヴィルが見たアメリカ』永井大輔・髙山裕二訳、白水社、二〇一二年
西川武臣『ペリー来航』中公新書、二〇一六年
福沢諭吉『福翁自伝』土橋俊一校訂・校注、講談社学術文庫、二〇一〇年
ヘッドリク、ダニエル・R『帝国の手先』原田勝正・多田博一・老川慶喜訳、日本経済評論社、一九八九年
マーヴィン、キャロリン『古いメディアが新しかった時』吉見俊哉・水越伸・伊藤昌亮訳、新曜社、二〇〇三年
三谷博『ペリー来航』吉川弘文館、二〇〇三年
宮永孝『万延元年のアメリカ報告』新潮選書、一九九〇年
吉見俊哉『敗者としての東京』筑摩選書、二〇二三年
渡辺惣樹『日米衝突の根源』草思社、二〇一一年
『ペリー艦隊日本遠征記』上・下、オフィス宮崎編訳、万来舎、二〇〇九年

第2講

石原俊『近代日本と小笠原諸島』平凡社、二〇〇七年
川澄哲夫『黒船異聞』有隣堂、二〇〇四年
ジョン万次郎述・河田小龍記『漂巽紀畧』谷村鯛夢訳、北代淳二監修、講談社学術文庫、二〇一八年
田中弘之『幕末の小笠原』中公新書、一九九七年
鶴見俊輔「漂流の思想」川澄哲夫編著『中浜万次郎集成』小学館、一九九〇年
中濱博『中濱万次郎』冨山房インターナショナル、二〇〇五年
メルヴィル『白鯨』田中西二郎訳、上・下、新潮文庫、一九五二年

第3講
内村鑑三『余は如何にして基督信徒となりし乎』鈴木俊郎訳、岩波文庫、一九三八年
塩野和夫『一九世紀 アメリカンボードの宣教思想 一八一〇ー一八五〇』新教出版社、二〇〇五年
園田英弘『西洋化の構造』思文閣出版、一九九三年
林竹二『森有礼』(林竹二著作集2)、筑摩書房、一九八六年
ホーフスタッター、リチャード『アメリカの反知性主義』田村哲夫訳、みすず書房、二〇〇三年
森本あんり『アメリカ的理念の身体』創文社、二〇一二年
森本あんり『反知性主義』新潮選書、二〇一五年

第4講
安藤更生『銀座細見』中公文庫、一九七七年
北澤秀一「ショップ・ガール」『改造』一九二五年四月号
今和次郎『新版大東京案内』批評社、一九八六年(初版一九二九年)
大宅壮一「大阪は日本の米国だ」『大宅壮一全集』第二巻、蒼洋社、一九八一年(初出一九二九年)、
大宅壮一「大阪文化の日本征服」『大宅壮一全集』第二巻、蒼洋社、一九八一年(初出一九三〇年)
柄谷行人『批評とポスト・モダン』福武書店、一九八五年
北村洋『敗戦とハリウッド』名古屋大学出版会、二〇一四年
栗田廣美『亡命・有島武郎のアメリカ』右文書院、一九九八年
五味渕典嗣『言葉を食べる』世織書房、二〇〇九年
斎藤淳「『痴人の愛』——デミル映画の痕跡」『立教大学日本文学』六五号、一九九一年
佐藤、バーバラ・H「植民地的近代と消費者の欲望」タニ・E・バーロウ他編『モダンガールと植民地的近代』

岩波書店、二〇一〇年
シルバーバーグ、ミリアム「日本の女給はブルースを歌った」脇田晴子、S・B・ハンレー編『ジェンダーの日本史』下巻、東京大学出版会、一九九五年
瀧田佳子『アメリカン・ライフへのまなざし』東京大学出版会、二〇〇〇年
東京市社会局『職業婦人に関する調査』東京市、一九二四年
新居格「近代女性の社会的考察」『太陽』一九二五年九月号
新居格「アメリカニズムとルシアニズムの交流」『中央公論』一九二九年六月号
松田慎三『デパートメントストア新訂版』日本評論社、一九三九年
村上信彦『大正期の職業婦人』ドメス出版、一九八三年
室伏高信『アメリカ』先進社、一九二九年
柳田国男編『明治文化史 風俗編』洋々社、一九五四年
吉見俊哉『都市のドラマトゥルギー』弘文堂、一九八七年
吉見俊哉「解説 現代消費社会を透徹する眼」F・L・アレン『オンリー・イエスタディ』ちくま文庫、一九九三年

第5講

石川光陽著、森田写真事務所編『グラフィックレポート 東京大空襲の全記録』岩波書店、一九九二年
工藤洋三『米軍の写真偵察と日本空襲』二〇一一年
工藤洋三『日本の都市を焼き尽くせ!』二〇一五年
佐伯彰一「仮想敵としてのアメリカのイメージ」、加藤秀俊・亀井俊介編『日本とアメリカ 相手国のイメージ研究』日本学術振興会、一九九一年

太平洋戦争研究会編著『図説 アメリカ軍の日本焦土作戦』河出書房新社、二〇〇三年
高井ホアン『鬼畜米英漫画全集』パブリブ、二〇二四年
ダワー、ジョン・W『容赦なき戦争』平凡社ライブラリー、二〇〇一年
東京大空襲・戦災資料センターが監修『東京復興写真集一九四五〜四六』勉誠出版、二〇一六年
中村弥三次「アメリカ認識の基本問題」『文藝春秋』一九四一年一一月号
ニーア、ロバート・M『ナパーム空爆史』太田出版、二〇一六年
早瀬利雄「現代アメリカの実体」『中央公論』一九四〇年三月号
ミアーズ、ヘレン『アメリカの鏡・日本 完全版』伊藤延司訳、角川ソフィア文庫、二〇一五年

第6講

江藤淳『落葉の掃き寄せ』文藝春秋、一九八一年
江藤淳『閉された言語空間』文藝春秋、一九八九年
川島高峰『敗戦』読売新聞社、一九九八年
北原恵「表象のトラウマ」『トラウマの表象と主体』新曜社、二〇〇三年
坂本孝治郎『象徴天皇制へのパフォーマンス』山川出版社、一九八九年
清水幾太郎「占領下の天皇」『思想』一九五三年六月号
シャラー、マイケル『マッカーサーの時代』豊島哲訳、恒文社、一九九六年
スズキ、テッサ・モーリス、吉見俊哉『天皇とアメリカ』集英社新書、二〇一〇年
袖井林二郎『拝啓マッカーサー元帥様』岩波現代文庫、二〇〇二年
ダワー、ジョン・W『敗北を抱きしめて』岩波書店、二〇〇一年
平野共余子『天皇と接吻』草思社、一九九八年

保坂正康「天皇、天降る日」『別冊文藝春秋』一九八九年新春特別号
マッカーサー、ダグラス『マッカーサー大戦回顧録』上・下、津島一夫訳、中央公論新社、二〇〇三年

第7講

カズニック、ピーター、田中利幸『原発とヒロシマ』岩波ブックレット、二〇一一年
柴田秀利『戦後マスコミ回遊記』中央公論社、一九八五年
柴田鉄治・友清裕昭『原発国民世論』ERC出版、一九九九年
土屋由香・吉見俊哉編『占領する眼・占領する声』東京大学出版会、二〇一二年
道場親信『占領と平和』青土社、二〇〇五年
山崎正勝『日本の核開発1939〜1955』績文堂出版、二〇一一年
Osgood, Kenneth, *Total Cold War*, UP of Kansas, 2006

第8講

阿部純一郎「〈銃後〉のツーリズム」『年報社会学論集』三一号、二〇一八年
小川実紗『観光と「性」』創元社、二〇二三年
沖縄国際大学石原ゼミナール編『戦後コザにおける民衆生活と音楽文化』榕樹書林、一九九四年
基地問題調査委員会編『軍事基地の実態と分析』三一書房、一九五四年
君塚太『原宿セントラルアパートを歩く』河出書房新社、二〇〇四年
栗田尚弥「占領軍と藤沢市民」『藤沢市史研究』二六号、一九九三年
栗田尚弥「茅ヶ崎とアメリカ軍(3)」『茅ヶ崎市史研究』二四号、二〇〇〇年
慶應義塾大学社会事業研究会『街娼と子どもたち』一九五三年

小林信彦、荒木経惟写真『私説東京繁昌記』中央公論社、一九八四年
鈴木貞司「キャンプ・チガサキの思い出」『茅ヶ崎市史研究』二四号、二〇〇〇年
多田治『沖縄イメージの誕生』東洋経済新報社、二〇〇四年
多田治「「日本のハワイ」としての沖縄の形成」『一橋社会科学』第七巻、二〇一五年七月
鶴見俊輔「解説／この道」、『鶴見良行著作集1 出発』みすず書房、一九九九年
鶴見良行「基地周辺のひとびと」『鶴見良行著作集1 出発』みすず書房、一九九九年
東谷護『進駐軍クラブから歌謡曲へ』みすず書房、二〇〇五年
難波功士編『米軍基地文化』新曜社、二〇一四年
野坂昭如『東京十二契』文藝春秋、一九八二年
林博史『米軍基地の歴史』吉川弘文館、二〇一二年
平井玄 De Musik Inter 編「コザの長い影」『音の力〈沖縄〉コザ沸騰編』インパクト出版会、一九九八年
ホワイティング、ロバート『東京アンダーワールド』松島みどり訳、角川書店、二〇〇〇年
山本章子「一九五〇年代における海兵隊の沖縄移転」屋良朝博他『沖縄と海兵隊』旬報社、二〇一六年
屋良朝博他『沖縄と海兵隊』旬報社、二〇一六年
吉見俊哉『アメリカの越え方』弘文堂、二〇一二年
吉田容子「米軍施設と周辺歓楽街をめぐる地域社会の対応」『地理科学』第六五巻四号、二〇一〇年
吉田容子「敗戦後長崎県佐世保市の歓楽街形成史」『都市地理学』第一〇号、二〇一五年

第9講

小田基『「自由の女神」物語』晶文社、一九九〇年
加藤典洋『アメリカの影』河出書房新社、一九八五年

貴堂嘉之「「血染めのシャツ」と人種平等の理念」樋口映美・中條献編『歴史のなかの「アメリカ」』彩流社、二〇〇六年
グインター、スコット・M『星条旗』和田光弘・山澄亨・久田由佳子・小野沢透訳、名古屋大学出版会、一九九七年
トマス、ボブ『ウォルト・ディズニー』玉置悦子・能登路雅子訳、講談社、一九八三年
能登路雅子『ディズニーランドという聖地』岩波新書、一九九〇年
ボードリヤール、ジャン『シミュラークルとシミュレーション』竹原あや子訳、法政大学出版局、一九八四年
マヤホフ、バーバラ「ディズニーランドの馴致され植民地化された想像力」山口昌男、V・ターナー編『見世物の人類学』三省堂、一九八三年
マラン、ルイ『ユートピア的なもの』梶野吉郎訳、法政大学出版局、一九九五年
吉見俊哉「シミュラークルの楽園」『視覚都市の地政学』岩波書店、二〇一六年
Eco, Umberto, *Travels in Hyperreality*, Harcourt Brace Jovanovich, 1983
Greenberger, Alex「星条旗のアート作品ベスト25」『JAPAN ARTnews』https://artnewsjapan.com/article/175（二〇二四年一二月一二日閲覧）

吉見俊哉

1957年東京都生まれ
1987年東京大学大学院社会学研究科博士課程単位取得退学
現在－東京大学名誉教授．國學院大學観光まちづくり学部教授．
専攻－社会学・文化研究・メディア研究
著書－『都市のドラマトゥルギー』(河出文庫)
『カルチュラル・スタディーズ』『視覚都市の地政学』『空爆論』(岩波書店)
『ポスト戦後社会』『親米と反米』『大学とは何か』『トランプのアメリカに住む』『平成時代』『大学は何処へ』(岩波新書)
『「文系学部廃止」の衝撃』『大予言』『戦後と災後の間』『東京裏返し』『さらば東大』(集英社新書)
『夢の原子力』(ちくま新書)
『敗者としての東京』(ちくま選書)ほか多数

アメリカ・イン・ジャパン―ハーバード講義録
岩波新書(新赤版)2048

2025年1月17日　第1刷発行

著　者　吉見俊哉《よしみしゅんや》

発行者　坂本政謙

発行所　株式会社　岩波書店
〒101-8002 東京都千代田区一ツ橋2-5-5
案内 03-5210-4000　営業部 03-5210-4111
https://www.iwanami.co.jp/

新書編集部 03-5210-4054
https://www.iwanami.co.jp/sin/

印刷製本・法令印刷　カバー・半七印刷

ISBN 978-4-00-432048-7　　Printed in Japan

岩波新書新赤版一〇〇〇点に際して

ひとつの時代が終わったと言われて久しい。だが、その先にいかなる時代を展望するのか、私たちはその輪郭すら描きえていない。二〇世紀から持ち越した課題の多くは、未だ解決の緒を見つけることのできないままであり、二一世紀が新たに招きよせた問題も少なくない。グローバル資本主義の浸透、憎悪の連鎖、暴力の応酬――世界は混沌として深い不安の只中にある。

現代社会においては変化が常態となり、速さと新しさに絶対的な価値が与えられた。消費社会の深化と情報技術の革命は、種々の境界を無くし、人々の生活やコミュニケーションの様式を根底から変容させてきた。ライフスタイルは多様化し、一面では個人の生き方をそれぞれが選びとる時代が始まっている。同時に、新たな格差が生まれ、様々な次元での亀裂や分断が深まっている。社会や歴史に対する意識が揺らぎ、普遍的な理念に対する根本的な懐疑や、現実を変えることへの無力感がひそかに根を張りつつある。そして生きることに誰もが困難を覚える時代が到来している。

しかし、日常生活のそれぞれの場で、自由と民主主義を獲得し実践することを通じて、私たち自身がそうした閉塞を乗り超え、希望の時代の幕開けを告げてゆくことは不可能ではあるまい。そのために、いま求められていること――それは、個と個の間で開かれた対話を積み重ねながら、人間らしく生きることの条件について一人ひとりが粘り強く思考することではないか。その営みの糧となるものが、教養に外ならないと私たちは考える。歴史とは何か、よく生きるとはいかなることか、世界そして人間はどこへ向かうべきなのか――こうした根源的な問いとの格闘が、文化と知の厚みを作り出し、個人と社会を支える基盤としての教養となった。まさにそのような教養への道案内こそ、岩波新書が創刊以来、追求してきたことである。

岩波新書は、日中戦争下の一九三八年一一月に赤版として創刊された。創刊の辞は、道義の精神に則らない日本の行動を憂慮し、批判的精神と良心的行動の欠如を戒めつつ、現代人の現代的教養を刊行の目的とする、と謳っている。以後、青版、黄版、新赤版と装いを改めながら、合計二五〇〇点余りを世に問うてきた。そして、いままた新赤版が一〇〇〇点を迎えたのを機に、人間の理性と良心への信頼を再確認し、それに裏打ちされた文化を培っていく決意を込めて、新しい装丁のもとに再出発したいと思う。一冊一冊から吹き出す新風が一人でも多くの読者の許に届くこと、そして希望ある時代への想像力を豊かにかき立てることを切に願う。

（二〇〇六年四月）